MARCELLO SENSINI

PORTE APERTE
grammatica facile

Percorsi grammaticali e lessicali
per studenti non italofoni

a cura di Margherita Sboarina

PER LA VIA PIÙ BREVE
Schede grammaticali di base

a cura di Silvia Fantacci

PER LA VIA PIÙ BREVE
Strumenti per l'apprendimento facilitato

a cura di Valentina Felici

A. MONDADORI SCUOLA

www.mondadorieducation.it

Prima edizione: marzo 2013

Edizioni

11 10 9 8

2017

Questo volume è stampato da:
Cartoedit S.r.l. - Città di Castello (PG)
Stampato in Italia - Printed in Italy

Redazione	Laura Carlotta Scarpelli
Progetto grafico	Alfredo La Posta
Impaginazione	Graficando
Copertina	Alfredo La Posta
Disegni	Daniel Conci
Progetto didattico	Federico Roncoroni

Immagini www.shutterstock.com: © Aleksei Makarov, © andrey_l, bioraven, © Blaj Gabriel, © defotoberg, © Diamond_Images, © Edyta Pawlowska, © Eric Isselee, © Goodluz, © ivelly, © Jef Thompson, © Kamil Macniak, © Kjpargeter, © Laifalight, © Malysh Falko, © MarinaMariya, © Marish, Marques, © Michael D Brown, © Michal Kowalski, © ostill, © photomak, © pLaifalight, © Pressmaster, © Rafaël Croonen, © Roman Sotola, © Rowan Sims Photography, © Serban Bogdan, © Sergio Strizzi/Photomovie, © Shots Studio, © Stanislav Komogorov, © swissmacky, © TheGame, © Valua Vitaly, © Vladgrin, © Yuri Arcurs

Per informazioni e segnalazioni:
Servizio Clienti Mondadori Education
e-mail *servizioclienti.edu@mondadorieducation.it*
numero verde **800 123 931**

GRAMMATICA FACILE

Questa **grammatica facile** è costituita da tre parti che rispondono ciascuna alle esigenze di tre diversi tipi di studenti:

- la prima parte – **Percorsi grammaticali e lessicali per studenti non italofoni** – mira a soddisfare in modo semplice e pratico i bisogni di quelli studenti stranieri che devono lavorare sulla lingua italiana per imparare a usarla adeguatamente attraverso l'acquisizione di un lessico più ricco e vario e della conoscenza delle sue strutture logico-grammaticali basilari;
- la seconda parte – **Per la via più breve: Schede grammaticali di base** – è rivolta agli studenti che, in vista di un approccio chiaro e lineare alla lingua o di un ripasso rapido delle sue norme, hanno bisogno di un quadro di riferimento sintetico;
- la terza parte – **Per la via più breve: Strumenti di apprendimento facilitato** – è una vera e propria grammatica facilitata concepita specificamente per andare incontro alle necessità di studenti che hanno particolari difficoltà nello studio dell'italiano.

Sommario

PERCORSI GRAMMATICALI E LESSICALI PER STUDENTI NON ITALOFONI

PER LA VIA PIÙ BREVE: SCHEDE GRAMMATICALI DI BASE

PER LA VIA PIÙ BREVE: STRUMENTI DI APPRENDIMENTO FACILITATO

QUATTRO MOSSE

PER MIGLIORARE IL TUO ITALIANO

1. Considera che conoscere bene l'italiano è molto utile non solo a scuola ma anche nella vita di tutti i giorni e nel lavoro. Dunque, ***vale la pena*** di spendere tempo e di fare fatica per imparare meglio l'italiano.
2. Non avere paura di sbagliare. Cerca sempre di capire quello che senti o leggi e di comunicare – parlando o scrivendo – quello che vuoi dire. ***Mettiti in gioco!***
3. Cerca l'aiuto degli altri. A scuola domanda ai tuoi insegnanti quello che non capisci e chiedi spiegazioni anche ai tuoi compagni.
4. Usa il vocabolario. Tieni un vocabolario sul tuo banco e consultalo non solo nelle ore di italiano, ma anche quando stai studiando le altre materie.

Metticela tutta!

CHE COSA VUOL DIRE?

Come tutte le lingue, anche l'italiano ha delle "forme idiomatiche", cioè delle espressioni tipiche, particolari, che non è possibile tradurre letteralmente nelle altre lingue.
È importante imparare il significato di queste espressioni, che sono usate spesso.

Conosci il significato delle espressioni scritte in colore in questa pagina?
Fra le tre proposte, scegli l'espressione che ha lo stesso significato delle forme idiomatiche in corsivo.

"***Quattro mosse*** per migliorare il tuo italiano"

Fare delle mosse

☐ fare movimenti disordinati
☐ finire qualcosa
☐ prendere delle iniziative per raggiungere un obiettivo

"***Vale la pena*** di spendere tempo per imparare meglio l'italiano"

Vale la pena

☐ è necessario
☐ è vantaggioso
☐ è faticoso

"***Mettiti in gioco!***"

Mettersi in gioco

☐ perdere tempo
☐ fare una cosa divertente
☐ rischiare

"***Metticela tutta!***"

Mettercela tutta

☐ impegnarsi molto
☐ spendere soldi
☐ aiutare gli altri

Carta d'identità

La Carta d'identità è il documento di riconoscimento rilasciato dal Comune di residenza, che contiene la fotografia e i dati personali di un individuo.

- **COME TI CHIAMI?**
  (nome e cognome) ....
- **QUANTI ANNI HAI?**
  (data di nascita: giorno / mese / anno)
  ....
- **DA DOVE VIENI?**
  (nazione di provenienza) ....
- **DOVE ABITI?**
  (indirizzo: via / numero civico / città / codice di avviamento postale)
  ....
- **QUAL È IL TUO NUMERO DI TELEFONO?**
  (telefono fisso di casa e cellulare) ....
- **CHE SCUOLA FREQUENTI?**
  (nome della scuola) ....
- **CHE CLASSE FAI?**
  (anno di corso e sezione) ....
- **IN CHE ANNO SIAMO?**
  (anno in corso e anno scolastico) ....

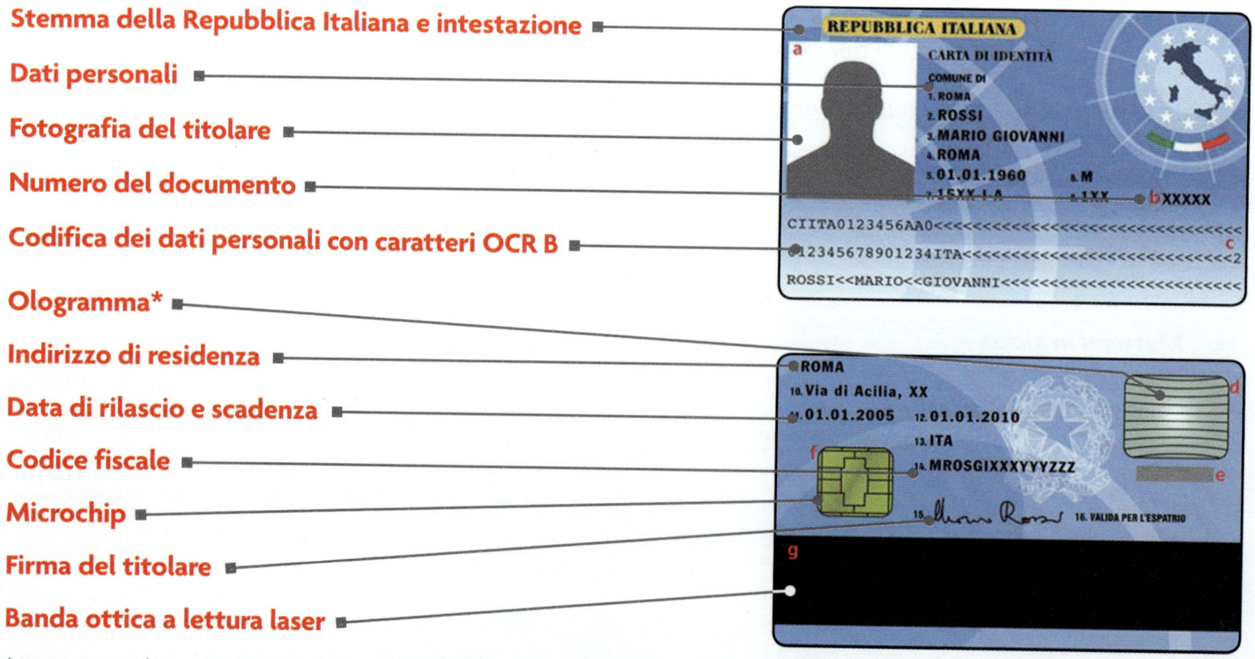

* immagine tridimensionale ottenuta tramite l'uso di un laser.

UNITÀ 0

Un asso nella manica: il vocabolario di italiano

"Avere un asso nella manica"

Che cosa vuol dire?

- ☐ avere una cosa che aiuta a vincere
- ☐ avere una cosa che non serve
- ☐ avere una cosa regalata

Che giorno è? Scrivi la data di oggi.
(Per imparare a scrivere la data vedi a pagina 35) ....

Come usare il vocabolario

Sul vocabolario le parole sono messe **in ordine alfabetico**.

1 Conosci l'alfabeto italiano? Scrivilo qui (vicino a ogni lettera scrivi anche come si legge). Segui gli esempi:

A (a), B (bi), C (ci), ...

....

....

....

2 Ora prendi il vocabolario e cerca le parole scritte qui sotto in **neretto**. Scrivi, accanto a ciascuna, a sinistra la parola che nell'elenco la precede e, a destra, quella che la segue, come nell'esempio:

quadernario	**quaderno**	quadra
....	**penna**	....
....	**diario**	....
....	**agenda**	....
....	**matita**	....
....	**libro**	....

ATTENZIONE!

NON TUTTE LE PAROLE ITALIANE SONO NEL VOCABOLARIO, EPPURE CI SONO.

→ I **VERBI**, infatti, sono registrati all'infinito presente (Esempio: non trovi *mangia*, ma ***mangiare***)
→ I **NOMI**, gli **AGGETTIVI** e molti **PRONOMI** al maschile singolare (Esempio: non trovi *amica*, *simpatici*, *alcune*, ma ***amico***, ***simpatico***, ***alcuno***).

Per trovare il significato di queste parole, dunque, che cosa cercherai?

pensavo ....
biciclette ....
bambini ....
cantiamo ....
piedi ....

UNA COSA IN PIÙ

Conoscere l'alfabeto e **saper trovare le parole messe in ordine alfabetico è importante** non solo a scuola. Pensa, per esempio, all'elenco telefonico e alle molte occasioni della vita di tutti i giorni in cui i nomi delle persone sono elencati in ordine alfabetico.

3 Cerca sull'elenco telefonico della tua città e scrivi qui sotto:

il numero di telefono della tua scuola ....
il numero di telefono della Motorizzazione Civile ....
il numero di telefono del Comune ....

"A come ANCONA": fare lo *spelling* in italiano

Per fare lo *spelling* di una parola in italiano di solito si usano i nomi di queste città:

A (*a*) come Ancona
B (*bi*) come Bologna (o Bari o Brescia)
C (*ci*) come Como (o Catania)
D (*di*) come Domodossola
E (*e*) come Empoli (o Enna)
F (*effe*) come Firenze
G (*gi*) come Genova
H (*acca*) come Hotel
I (*i*) come Imola
J (*i lunga*) come Jolly
K (*cappa*) come Kappa
L (*elle*) come Livorno
M (*emme*) come Milano
N (*enne*) come Napoli
O (*o*) come Otranto
P (*pi*) come Palermo (o Padova o Pisa)
Q (*cu*) come Quadro
R (*erre*) come Roma
S (*esse*) come Savona (o Sassari o Siena)
T (*ti*) come Torino
U (*u*) come Udine
V (*vi*) come Venezia (o Verona)
W (*vu doppia*) come Washington (o Wagner)
X (*ics*) come Xanto
Y (*ipsilon o i greca*) come Ypsilon
Z (*zeta*) come Zara (o Zurigo)

Come vedi, per alcune lettere straniere e per la H non usiamo nomi di città ma altre parole.

Un esempio. Lo *spelling* del nome Michela: *emme come Milano, i come Imola, ci come Como, acca come Hotel, e come Empoli, elle come Livorno, a come Ancona.*

4 Ora prova tu.

Scrivi lo *spelling* del tuo nome

....

....

....

Scrivi lo *spelling* del nome del tuo insegnante

....

....

....

Scrivi lo *spelling* del nome di un tuo compagno di classe

....

....

....

GioCa!

Giochi con l'alfabeto

(ti serve il vocabolario)

Gioco A)

Gioca tutta la classe insieme. Vince chi trova per primo queste parole (vicino a ogni parola scrivi la pagina del vocabolario):

banco (p. ....)
cattedra (p. ....)
sedia (p. ....)
porta (p. ....)
finestra (p. ....)

Gioco B)

Si gioca a coppie. Ogni studente

- sceglie tre parole e le scrive su un foglio,
- dà il foglio al compagno e prende il foglio del compagno,
- trova sul vocabolario le tre parole.

Vince chi trova per primo le parole.

Gioco C)

Gioca tutta la classe insieme. Mettere in ordine alfabetico i cognomi dei ragazzi della classe.

- Ogni studente scrive alla lavagna il suo cognome;
- quando tutti i cognomi sono scritti sulla lavagna, si dà il "VIA!";
- su un foglio ogni studente scrive in ordine alfabetico i cognomi della classe.

Vince chi finisce per primo l'elenco.

Gioco D)

Funziona come il gioco C), ma si mettono in ordine alfabetico i nomi dei ragazzi della classe. Attenzione! Se due o più ragazzi hanno lo stesso nome, si deve guardare il loro cognome (per esempio: **F**ederica **F**ontana, **F**ederica **M**affei, **F**ederica **Z**ardoni).

UNITÀ 1

Per rompere il ghiaccio: comunicare a scuola, saluti e presentazioni

"Rompere il ghiaccio"

Che cosa vuol dire?

- ☐ fare un lavoro faticoso
- ☐ cominciare un dialogo con qualcuno
- ☐ cominciare una cosa difficile

Che giorno è? Scrivi la data di oggi. ....

Test!

Leggi questo breve dialogo, che si svolge nel corridoio di una scuola. Patrik, un nuovo studente straniero, si presenta al suo insegnante di matematica.

- *Ciao, sei tu il mio professore di matematica?*
- *Sì, sono io. Mi chiamo Roberto Masiero. E tu come ti chiami?*
- *Mio nome è Patrik e vengo di Stati Uniti.*
- *Piacere!*

Le frasi pronunciate da Patrik contengono degli errori. Riscrivi le frasi nella forma corretta.

Mio nome è Patrik e vengo di Stati Uniti.

....

In questa frase, Patrik sbaglia perché non conosce alcune regole della grammatica italiana:

- **gli aggettivi possessivi** (*mio, tuo, suo, nostro, vostro, loro*) **sono preceduti dall'articolo determinativo** (*il* mio nome è Patrik);
- **per indicare la provenienza da uno Stato** (Francia, Germania, Stati Uniti) **si usa la preposizione articolata** (vengo *dalla* Francia, *dalla* Germania, *dagli* Stati Uniti).

Ciao, sei tu il mio professore di matematica?

Questa frase non contiene dei veri errori di grammatica ma non rispetta alcune regole di comunicazione:

- in italiano, quando si parla a una persona adulta che non si conosce bene, si usa **la forma di cortesia**, cioè "si dà del lei" (*È lei* il mio professore di matematica?);
- bisogna usare **formule di saluto diverse per salutare le diverse persone** (il saluto adatto a un adulto è *Buongiorno*).

RICORDA

A scuola, come in qualsiasi altro ambiente, **quando comunichi con qualcuno devi sempre tenere conto del contesto** in cui ti trovi (cioè del luogo, della situazione) e del tipo di **persona** a cui ti rivolgi. Considera che la scuola è un luogo diverso dalla strada, dal bar, da un campo sportivo e il comportamento e il modo di comunicare devono essere più formali. A scuola, anche nei momenti in cui non si fa lezione, non parlerai ad alta voce e ti rivolgerai in modo corretto ai tuoi compagni di classe e agli altri alunni che frequentano l'istituto. Darai del "lei" agli adulti – dirigente, insegnanti, personale della segreteria e ausiliario – e li saluterai quando li incontri.

I saluti

Ecco alcune formule di saluto usate abitualmente in italiano.

Ciao

è il saluto più comune tra i ragazzi e le persone che hanno un rapporto di confidenza tra loro. **Non lo puoi usare con le persone adulte a cui dai del "lei".**

Salve

spesso i ragazzi lo usano per salutare una persona a cui danno del "lei", ma che conoscono bene (per esempio un loro professore). Anche questa espressione, però, **non è adatta per rivolgersi a un adulto**, perché è comunque troppo confidenziale.

Buongiorno, buonasera

sono i saluti che puoi rivolgere normalmente agli adulti, sia quando li incontri sia quando ti allontani da loro.

Come stai? Come sta? (formale)

sono formule molto usate quando ci si incontra.

Di solito si risponde:

Bene, grazie

senza necessariamente soffermarsi a dare informazioni sul proprio stato di salute.

Arrivederci

si usa normalmente quando ci si allontana da una persona.

PER COMUNICARE

In Italia, quando due persone si salutano, in alcuni casi **si stringono la mano destra**. Questo succede di solito nelle **situazioni formali**, quando ci si incontra per la prima volta e ci si presenta o quando non ci si vede da tempo. Le persone che si conoscono bene, in particolare le donne, possono accompagnare il saluto con due baci sulle guance.

1 In italiano esistono altre formule di saluto, che sono usate più raramente o in occasioni particolari. Se ne conosci qualcuna, scrivila qui sotto e spiega quando si usa.

....

....

....

....

2 Confronta l'elenco dei saluti che hai scritto sopra con l'elenco fatto dai tuoi compagni. Scrivi qui sotto le formule di saluto che non conoscevi e il loro significati.

....

....

....

....

3 E tu, come saluti? Quali parole e quali gesti usi? Spiega ai tuoi compagni i tuoi modi di salutare e le situazioni in cui li utilizzi.

Le formule di augurio

4 In italiano si usano anche alcune formule di augurio. Si può dire "**Tanti auguri!**" o usare un augurio particolare per le diverse circostanze. Che cosa auguri nelle circostanze elencate sotto? Scegli per ogni circostanza una di queste espressioni, come nell'esempio.

Buona fortuna! **Felice anno nuovo!** **Buon viaggio!** **Buon Natale!** **Buon appetito!** **Buone vacanze!** **Buon compleanno!** **Buone feste!**

1. Un amico parte per un viaggio **Buon viaggio!**
2. È il primo gennaio. ....
3. Sono finite le scuole. ....
4. Fra pochi giorni è Natale. ....
5. Un amico compie gli anni. ....
6. Comincia una serie di festività. ....
7. Prima di mangiare. ....
8. Un amico deve fare quacosa di importante. ....

Quando un amico ha un esame, una gara sportiva o un colloquio di lavoro non diciamo "Tanti auguri!" né "Buona fortuna!" ma diciamo "**In bocca al lupo!**". E l'amico risponde "**Crepi!**"

Le presentazioni - Dare del “lei”, dare del “tu”

- *Buongiorno! **È lei** il padre di Simon?*
- *Sì, sono io. E **lei è** il padre di Greg, vero?*

Come abbiamo visto, alle persone adulte che non si conoscono bene o con cui non siamo in confidenza, in italiano non si dà del[aa]“tu”, ma si deve dare del “lei” (usare cioè la **forma di cortesia**).
Si usa: **LEI** + verbo alla 3ª persona singolare

- *Ciao Paola! Ciao Alex! E tu chi sei?*
- *Sono Marco, ci siamo conosciuti alla festa di Anna.*

Invece, alle persone con cui si è in confidenza si può dare del “tu”.

Il presente indicativo di *essere* - I pronomi personali soggetto

Per dire il proprio nome e chiedere il nome di una persona si usa il verbo *essere*.

Ecco i **pronomi personali soggetto** con il **presente indicativo** del verbo ***essere***:

IO	**SONO**
TU	**SEI**
LUI/LEI	**È**
NOI	**SIAMO**
VOI	**SIETE**
LORO	**SONO**

ATTENZIONE!

Come si usano i pronomi personali soggetto

Io, **tu**, **lui / lei**, **noi**, **voi**, **loro** sono i pronomi personali soggetto. In italiano di solito non si premette il pronome personale soggetto al verbo. Puoi dire: “*Io sono Giovanni*” o anche “*Sono Giovanni*”. Però il pronome personale soggetto deve essere premesso al verbo quando è necessario per capire il significato della frase.

Esempio:

*Elena e Manuel sono alla stazione. (**Loro**) partono alle 2.*
Loro non serve per capire chi parte: Elena e Manuel.

*Elena e Manuel sono alla stazione. **Lui** parte alle 2.*
Lui serve per capire chi parte: Manuel e non Elena.

5 Aggiungi a questi verbi i pronomi personali soggetto, come nell'esempio.

1. ....**voi**.......... siete.
2. .... sei.
3. .... siamo.
4. .... sono.
5. .... , ... è.
6. .... sono.

Usiamo il verbo **essere** in molti altri casi. Per esempio con le **preposizioni: DI, A, DA, IN, CON, SU, PER, FRA / TRA.**

6 Completa queste frasi con le voci del verbo *essere*, come nell'esempio.

1. Noi ....**siamo**.... **a** casa.
2. Tu .... **da** Nicole.
3. Voi .... **in** palestra.
4. Loro .... **per** strada.
5. Lei .... **con** Paula.
6. Io .... **fra** (o **tra**) Johanna e Alexa.
7. Lui .... **di** Palermo.
8. Noi .... **in** biblioteca.

La forma negativa del verbo

Per fare la forma negativa si deve mettere NON prima del verbo.

Per esempio: *Noi siamo a casa.* diventa → *Noi* ***non*** *siamo a casa.*

7 Scrivi alla forma negativa le frasi dell'esercizio 6.

1. ....
2. ....
3. ....
4. ....
5. ....
6. ....
7. ....
8. ....

ATTENZIONE!

Le congiunzioni *e, o, ma*

È possibile unire due parole o due frasi con le congiunzioni. Leggi questi esempi con le congiunzioni ***e***, ***o***, ***ma***.

Ray ***e*** *Agnese sono a scuola. Ray è in aula computer* ***e*** *Agnese è in cortile.*
Oggi esco con Paula ***o*** *con Tim. Mangiamo un gelato* ***o*** *andiamo al cinema?*
Il film è bello ***ma*** *troppo lungo. Rosa è straniera* ***ma*** *parla bene l'italiano.*

La congiunzione ***e*** spesso diventa ***ed*** davanti a parola che comincia con vocale.
Mina è intelligente ***ed*** *è anche simpatica.*

Qualche volta al posto della congiunzione ***o*** usiamo ***oppure***.
Voglio andare a Parigi ***oppure*** *a Londra.*

Il presente indicativo di *avere*

Per dire e per chiedere l'età in italiano si deve usare il verbo *avere*.

Io ho 15 anni. E tu quanti anni hai?

Ecco il **presente indicativo** del verbo ***avere***:

IO	**HO**
TU	**HAI**
LUI/LEI	**HA**
NOI	**ABBIAMO**
VOI	**AVETE**
LORO	**HANNO**

Il verbo **avere** si usa in molti altri casi.

8 Completa le frasi seguenti con la forma corretta del presente indicativo.

1. Marta ___**ha**___ gli occhi azzurri e i capelli biondi e lisci.
2. Questa mattina il professore ______ male di testa.
3. Pietro e Francesco ______ una felpa uguale.
4. Noi non ______ soldi per venire al cinema.
5. Adesso io ______ fretta. ______ tempo voi di aiutare Louis?
6. Tu ______ sempre la risposta giusta!

9 Completa con il verbo *essere* o con il verbo *avere*. Individua la forma corretta, come nell'esempio.

1. Giulia *è* / *ha* 15 anni.
2. Noi *siamo* / *abbiamo* alti.
3. Tu non *sei* / *hai* il motorino.
4. Alex e Leo *sono* / *hanno* sportivi.
5. Quanti anni *è* / *ha* Andrea? *È* / *Ha* 18 anni.
6. Chi *è* / *ha* Elena? *È* / *ha* la ragazza bionda con gli occhi verdi.

L'uso dell'*h*

O / ho, ai / hai, a / ha, anno / hanno?

ATTENZIONE! Alcune voci del presente di *avere* si scrivono con l'**h** davanti. Senza *h* il significato cambia:

Io ***ho*** fame (*ho* = **verbo *avere***)
Tu ***hai*** i capelli lunghi (*hai* = **verbo *avere***)
Luisa ***ha*** una bella voce (*ha* = **verbo *avere***)
I ragazzi ***hanno*** fretta (*hanno* = **verbo *avere***)

Sei a casa ***o*** a scuola? (*o* = **congiunzione**)
Siamo ***ai*** giardini (*ai* = **preposizione articolata**)
Sono ***a*** Milano (*a* = **preposizione semplice**)
Buon ***anno***! (*anno* = **nome**)

10 Nelle seguenti espressioni sottolinea la parola corretta.

1. Carlo e Luca anno / hanno il motorino.
2. Quest'anno / hanno comincio a studiare biologia.
3. Tu mangi a / ha casa o / ho a scuola?
4. O / Ho un cane e due gatti.
5. Ai / hai giardini vedo sempre tua sorella.
6. L'anno / hanno prossimo voglio andare al mare.
7. O / ho preso un bel voto nella verifica di storia.
8. Non ai / hai il pranzo? Io o / ho un panino per te.

GiOCa!

Indovina chi è!

Gioca tutta la classe. Uno studente pensa a un compagno di classe. Gli altri devono indovinare chi è. A turno, ogni ragazzo fa una domanda, come: *"Ha gli occhi neri?"*, *"Ha i capelli biondi?"*, *" È alto?"*, *"È magro?"*. Vince chi indovina per primo chi è il compagno pensato.

Per descrivere il tuo compagno puoi usare queste parole:

occhi → grandi, piccoli, neri, marrone, verdi, azzurri
capelli → lunghi, corti, lisci, mossi, ricci, crespi, biondi, castani, rossi, neri
viso → rotondo, allungato, magro, largo

11 Ora descrivi il tuo ragazzo / la tua ragazza ideale. Come è? Usa *è / non è*; *ha / non ha*

....

....

....

....

....

CANTA!

Quello che segue è il testo di una famosa canzone del cantautore italiano Francesco De Gregori. La conosci? Leggila ad alta voce e cerca di capire tutte le parole (usa il vocabolario bilingue e chiedi aiuto all'insegnante e ai compagni). Puoi ascoltarne la musica in *Internet* e cantarla insieme con i tuoi amici.

Buonanotte, buonanotte ***amore mio***,
buonanotte tra il telefono e il cielo.
Ti ringrazio *per avermi stupito,*
per avermi giurato che è vero.
Il granturco nei campi è maturo
ed ho tanto bisogno di te.
La coperta è gelata e l'estate è finita,
buonanotte, questa notte è per te.

Buonanotte, buonanotte fiorellino,
buonanotte fra le stelle e la stanza.
Per sognarti devo averti vicino
e vicino non è ancora abbastanza.
Ora un raggio di sole si è fermato
proprio sopra il mio biglietto scaduto,
tra i tuoi fiocchi di neve, le tue foglie di tè,
buonanotte, questa notte è per te.

Buonanotte, buonanotte monetina,
buonanotte tra il mare e la pioggia.
La tristezza passerà domattina
e l'anello resterà sulla spiaggia.
Gli uccellini nel vento non si fanno mai male,
hanno ali più grandi di me
e dall'alba al tramonto sono soli nel sole,
buonanotte, questa notte è per te.

Alla persona che si ama si può dire, come nel testo, ***amore mio***,
ma anche ***mia cara*** / ***mio caro***, ***tesoro***.

Per ringraziare si dice ***Grazie!***, ma anche
Ti ringrazio. (= ringrazio te)
Vi ringrazio. (= ringrazio voi)
La ringrazio. (= ringrazio Lei, forma di cortesia).

Di solito si risponde ***Prego!***

UNITÀ 2

Di comune accordo: nomi, articoli, aggettivi e pronomi

"Di comune accordo"

Che cosa vuol dire?

- ☐ con affetto
- ☐ con molte parole
- ☐ senza discutere

Che giorno è? Scrivi la data di oggi. ....

Test!

Georgia parla della sua nuova scuola. Leggi che cosa dice.

Il scuola si trova vicino alla mio casa e lo posso raggiungere a piedi. È una scuola vecchia, ma molto bello, perché è in mezzo a una grande parco, con alto alberi e comodi panchine.

Nel testo le parole sottolineate sono sbagliate. Sai riscriverle nella forma corretta? Prova.

.... *scuola si trova vicino alla* .... *casa e* .... *posso raggiungere a piedi. È una scuola vecchia, ma molto* ...., *perché è in mezzo a* .... *grande parco, con* .... *alberi e* .... *panchine.*

Il testo non è corretto perché non rispetta le regole della concordanza.
In italiano:

- i **nomi** possono essere di **GENERE maschile o femminile** e di **NUMERO singolare o plurale** (per esempio: *parco* è maschile singolare, *alberi* è maschile plurale, *scuola* è femminile singolare, *panchine* è femminile plurale);
- ci sono **altre parole variabili** (articoli, aggettivi, pronomi) che **concordiamo ai nomi a cui si riferiscono**.

RICORDA

In italiano si deve sempre guardare il genere e il numero dei nomi e concordare ai nomi le altre parole variabili della frase. Leggi questo esempio e guarda le concordanze:

Il mio amico è alto.

Il (articolo determinativo **maschile singolare**) ***mio*** (aggettivo possessivo **maschile singolare**) ***amico*** (nome **maschile singolare**) ***è alto*** (aggettivo qualificativo **maschile singolare**).

⟶ **Le parole sottolineate concordano con il nome "*amico*", che è maschile singolare.**

Leggi anche questo esempio:

Le sorelle di Ina sono simpatiche.

Le (articolo determinativo **femminile plurale**) ***sorelle*** (nome **femminile plurale**) ***di Ina sono simpatiche*** (aggettivo qualificativo **femminile plurale**).

⟶ **Le parole sottolineate concordano con il nome "*sorelle*", che è femminile plurale.**

I nomi

In italiano i nomi sono **MASCHILI** (uomo) o **FEMMINILI** (donna), **SINGOLARI** (bambino/bambina) o **PLURALI** (bambini/bambine).

I nomi femminili finiscono quasi tutti in -a. Il plurale è -e

Esempi:

femminile singolare (-a)	**femminile plurale (-e)**
sorell**a**	sorell**e**
cugin**a**	cugin**e**
zi**a**	zi**e**
cognat**a**	cognat**e**
nuor**a**	nuor**e**
figli........	figli........
suocer........	suocer........

Solo alcuni nomi femminili finiscono in **-e** al singolare e in **-i** al plurale (come madr**e** / madr**i**) o in **-o** al singolare e in **-i** al plurale (come man**o** / man**i**)

I nomi maschili finiscono quasi tutti in -o. Il plurale è -i

Esempi:

maschile singolare (-o)	**maschile plurale (-i)**
fratell**o**	fratell**i**
cugin**o**	cugin**i**
zi........	zi........
cognat........	cognat........
gener........	gener........
figli........	figli

Solo alcuni nomi maschili finiscono in **-e** al singolare e in **-i** al plurale (come student**e** / student**i**) o in **-a** al singolare e in **-i** al plurale (come poet**a** / poet**i**).

Riassumiamo in tabella:

Per la maggior parte dei nomi che finiscono in -*o* (maschile), -*a* (femminile):

	Singolare	Plurale
Maschile	-o	-i
Femminile	-a	-e

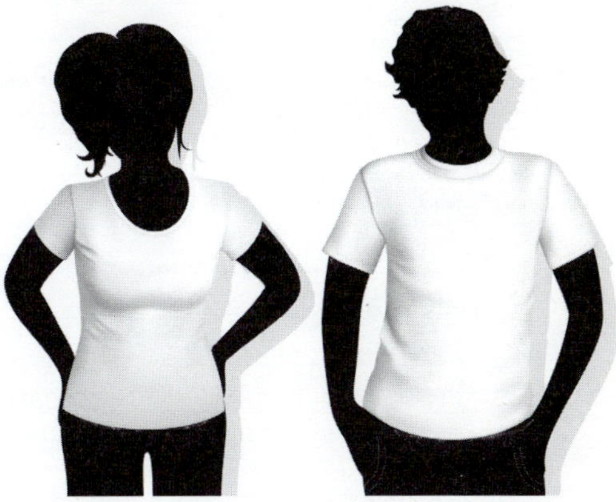

Per gli altri nomi che finiscono in -*e* / -*a* (maschile), -*e* (femminile):

	Singolare	Plurale
Maschile	-e -a	-i -1
Femminile	-e	-i

ATTENZIONE!

Il plurale di alcuni nomi è particolare. Quando hai un dubbio, cerca sul vocabolario!

Per esempio:

NOMI IN -ca e -ga, -co e -go

I nomi femminili in -**ca** e -**ga** hanno il plurale in -**che** e -**ghe**.
Esempi: *ami**ca** / ami**che***; *botte**ga** / botte**ghe***

Alcuni nomi maschili in -**co** e -**go** hanno il plurale in -**chi** e -**ghi**.
Esempi: *cuo**co** / cuo**chi***; *alber**go** / alber**ghi***. MA *ami**co** / ami**ci***.

NOMI STRANIERI

I nomi stranieri hanno il plurale uguale al singolare.
Esempi: un taxi / due taxi; uno sport / due sport; un film / due film

Ora svolgi gli esercizi.

1 Scrivi se questi nomi sono MASCHILI (M) o FEMMINILI (F), SINGOLARI (S) o PLURALI (P).
Esempio: pantaloni M P.

Giacche .... vestito .... camicia .... gonna .... cappotto .... maglioni .... felpa ....
calze .... mutande .... pigiami .... canottiera .... maglia .... guanti .... sciarpa ....

2 Scrivi il maschile o il femminile di questi nomi. Quando hai dei dubbi usa il vocabolario.

Maschile	Femminile
marito	....
....	sorella
dottore	....
cameriere	....
....	giocatrice
pittore	....
re	....
....	professoressa

3 Scrivi il singolare o il plurale di questi nomi. Quando hai dei dubbi usa il vocabolario.

Singolare	**Plurale**
strada	....
....	piazze
....	stazioni
municipio	....
città	....
....	università
palestra	....
cinema	....
....	teatri
porto	....
negozio	....

ATTENZIONE!

Maiuscola o minuscola?

In italiano **si devono scrivere con la prima lettera MAIUSCOLA i nomi propri**, come
- il nome e il cognome delle persone (***C**inzia **R**ossi*)
- il nome delle città e dei luoghi geografici (**M**ilano, **S**icilia, **T**evere, **P**uglia, **I**talia)
- il nome delle feste (**N**atale, **P**asqua)

GiOCa!

Nomi che cominciano per...

Si gioca in gruppi di tre, quattro o cinque persone.
Ogni giocatore prepara su un foglio una tabella come questa: OGGETTO CITTÀ STATO CIBO ANIMALE

A turno un giocatore sceglie una lettera dell'alfabeto e la dice agli altri. Ogni giocatore deve cercare parole che cominciano con quella lettera e scriverle nelle caselle della sua tabella. Quando un giocatore ha riempito tutte le caselle, dice STOP e gli altri non possono più scrivere. Si contano i punti: 2 punti per ogni parola corretta, 1 punto se la parola è corretta ma è stata scritta da due o più giocatori, 0 punti se non si sono scritte parole. Un altro giocatore sceglie una lettera e la dice agli altri. Si continua come prima.
Quando si decide di finire il gioco si contano i punti e si proclama il vincitore.

Esempio: *Giocano Alex, Federico e Laura. Alex sceglie la lettera C.*
Tutti cercano i nomi da inserire nella tabella. Laura completa la sua tabella, dice STOP e tutti si fermano.
I giocatori confrontano le tabelle:

Laura ha scritto sulla sua tabella:

OGGETTO	CITTÀ	STATO	CIBO	ANIMALE
casa	*Catania*	*Cina*	*crema*	*canguro*

Federico ha scritto sulla sua tabella:

OGGETTO	CITTÀ	STATO	CIBO	ANIMALE
	Cagliari		*carne*	*cane*

Alex ha scritto sulla sua tabella:

OGGETTO	CITTÀ	STATO	CIBO	ANIMALE
casa	*Cremona*	*Camerun*		*civetta*

Si contano i punti:
Laura 1 + 2 + 2 + 2 + 2 = 9 Federico 0 + 2 + 0 + 2 + 2 = 6 Alex 1 + 2 + 2 + 0 + 2 = 7
Si continua il gioco con altre lettere...

Gli articoli e le preposizioni articolate

In italiano gli articoli sono di due tipi:
gli articoli determinativi (**il**, **lo**, **la**, **l'**, **i**, **gli**, **le**) e gli articoli indeterminativi (**un, uno**, **una**, **un'**).

Gli articoli sono parole che in italiano stanno sempre **PRIMA** del nome: ***Il*** *diario di Giulia.* ***Una*** *bella festa.*

Gli articoli determinativi

Gli articoli determinativi **indicano cose precise, distinte dalle altre**.
Leggi queste frasi e osserva gli articoli scritti in neretto:

La *commessa è in negozio.*
L'*amica di Marco lavora come estetista.*
Le *ragazze della mia classe sono simpatiche.*
Il *pompiere spegne* ***l'****incendio.*
Gli *insegnanti correggono* ***i*** *compiti.*
Lo *zio di Ester è medico.*

GLI ARTICOLI DETERMINATIVI		
	Singolare	**Plurale**
Maschile	**il, lo, l'**	**i, gli**
Femminile	**la, l'**	**le**

4 Nelle parole seguenti dividi l'articolo dal nome, mettendo l'apostrofo quando è necessario. Segui l'esempio:
lamela → la mela

lalbero   ilbambino   ifiori   glizii   lasera   lamica   lozaino   gliombrelli   lospite

Gli articoli determinativi maschili

L' - GLI ➡ Davanti alle parole maschili che cominciano con **VOCALE** si usa al singolare la forma apostrofata **l'** (***l'****amico*), al plurale **gli** (***gli*** *amici*).

IL - I ➡ Davanti alle parole maschili che cominciano con **CONSONANTE** si usa al singolare **il** (***il*** *bicchiere*), al plurale **i** (***i*** *bicchieri*).

LO - GLI ➡ MA davanti alle parole maschili che cominciano con **Z, S + consonante, PS, PN, GN** si usa al singolare **lo** (***lo*** *zaino*, ***lo*** *studente*, ***lo*** *psicologo*), al plurale **gli** (***gli*** *zaini*, ***gli*** *studenti*, ***gli*** *psicologi*).

5 Completa con l'articolo determinativo adatto.

lo zucchino	.... zenzero	.... astri
.... melone	.... aglio	.... geranio
.... peperoni	.... asparagi	.... carciofo
.... mirtilli	.... ciclamini	.... gnocchi
.... lampone	.... crisantemo	.... pneumatico

Gli articoli determinativi femminili

LA ➡ Davanti alle parole femminili singolari che cominciano con **CONSONANTE** si usa l'articolo determinativo **la** (***la*** *tavola*).

L' ➡ Davanti alle parole femminili singolari che cominciano con **VOCALE** si usa quasi sempre la forma apostrofata **l'** (***l'****amica*).

LE ➡ Davanti alle parole femminili plurali si usa sempre **le** (***le*** *tavole*, ***le*** *amiche*).

6 **Completa con l'articolo determinativo adatto, come nell'esempio.**

le	arance	....	rosa
....	mela	....	orchidea
....	banana	....	viole
....	anguria	....	begonie
....	pere	....	margherita
....	albicocca	....	ortensia

7 **Sottolinea l'articolo corretto, come nell'esempio.**

1. *Il / Lo / La* scuola di mio fratello si chiama "Giovanni Pascoli".
2. Questa è *il / la / l'* mia prima lezione di italiano.
3. *I / Gli / Le* ragazzi della mia classe sono simpatici.
4. *Il / I / Lo* professore ha preparato *gli / i / le* esercizi per noi.
5. Roberto è *il / lo / l'* zio di Andrej.
6. *Le / La / Gli* mie amiche verranno in vacanza con me.

8 **Inserisci l'articolo determinativo corretto (il, lo, l', la, i, gli, le).**

.... penna	.... quaderno	.... libri	.... atlante	.... vocabolari
.... compasso	.... zaino	.... calcolatrice	.... righelli	.... eserciziari
.... astuccio	.... squadre	.... computer	.... foglio	.... evidenziatore

9 **Aggiungi l'articolo determinativo e volgi al plurale, come nell'esempio.**

la	lampada	**le lampade**	....	lavandino	....
....	sedia	....	....	scala	....
....	tavolo	....	....	zerbino	....
....	armadio	....	....	termosifone	....
....	cassettone	....	....	frigorifero	....
....	tappeto	....	....	fornello	....

Continua tu con altri nomi.

....
....
....
....

10 **Inserisci l'articolo determinativo adatto, come nell'esempio.**

1. Da grande voglio fare **il** fotografo.
2. .... zaini che portiamo sulle spalle sono pesanti.
3. Mi piace .... pasta con .... pesto.
4. .... ragazzi giocano con .... pallone.
5. Preparo .... tavola con .... tovaglia, ... posate e .... piatti nuovi.
6. Dopo .... spettacolo .... miei amici mi invitano a cena.
7. .... zii di Andra sono alla stazione.
8. .... involtini che prepara Maria sono ottimi.

Le preposizioni articolate

In italiano le preposizioni semplici A, DI, DA, IN, SU, quando sono usate davanti a un articolo determinativo, si uniscono all'articolo e formano le **PREPOSIZIONI ARTICOLATE**.

	IL	LO	L'	LA	I	GLI	LE
A	a+il=**al**	a+lo=**allo**	a+l'=**all'**	a+la=**alla**	a+i=**ai**	a+gli=**agli**	a+le=**alle**
DI	di+il=**del**	di+lo=**dello**	di+l'=**dell'**	di+la=**della**	di+i=**dei**	di+gli=**degli**	di+le=**delle**
DA	da+il=**dal**	da+lo=**dallo**	da+l'=**dall'**	da+la=**dalla**	da+i=**dai**	da+gli=**dagli**	da+le=**dalle**
IN	in+il=**nel**	in+lo=**nello**	in+l'=**nell'**	in+la=**nella**	in+i=**nei**	in+gli=**negli**	in+le=**nelle**
SU	su+il=**sul**	su+lo=**sullo**	su+l'=**sull'**	su+la=**sulla**	su+i=**sui**	su+gli=**sugli**	su+le=**sulle**

Le preposizioni PER, FRA e TRA **non** si uniscono mai all'articolo.
Le preposizioni articolate formate da CON + articolo determinativo (*col, coi, colla* ecc.) sono poco usate.

11 Completa queste frasi con le preposizioni articolate corrette. Unisci la preposizione e l'articolo come nell'esempio.

1. Facciamo il bagno (in + la) **nella** piscina (di + lo) **dell'** albergo.
2. Porto (a + la) .... zia un mazzo (di + i) .... suoi fiori preferiti.
3. Oggi parliamo (di + la) .... vita di Giacomo Leopardi.
4. Mario e Joseph partono (da + la) .... stazione Centrale.
5. Il martedì sto a scuola (da + le) .... 8.00 (a + le) .... 12.30.
6. Domenica vado (a + lo) .... stadio.
7. (Su + lo) .... aereo il capitano dà (a + i) .... passeggeri (di + le) .... informazioni (su + il) .... volo.

12 Sottolinea la preposizione corretta, come nell'esempio.

1. Cercate *sulla* / *nella* carta geografica dove si trova la città di Lecce.
2. *Sul* / *nel* menu trovi la lista dei piatti e i prezzi.
3. Tutti i giorni, quando vado *in* / *a* scuola, incontro Lina *per la* / *sulla* strada.
4. *All'* / *Nell'*inizio della lezione il professore fa l'appello.
5. Se piove, John va *sul* / *al* lavoro *con* / *in* macchina.
6. La mia aula è *in* / *al* piano terra, la sala professori è *in* / *al* primo piano, la biblioteca è *al* / *nel* seminterrato.
7. L'indirizzo del mittente è *al* / *sul* retro della busta.
8. Aspettiamo *sotto il* / *nel* sole da due ore.
9. Carlo non va volentieri *al* / *dal* dentista.

Gli articoli indeterminativi

Gli articoli indeterminativi **indicano cose che non conosciamo o che non indichiamo in modo preciso.**

Leggi le frasi seguenti e osserva gli articoli indeterminativi scritti in neretto.

***Una** ragazza corre sulla spiaggia.*
*Questa sera guardo **un** film alla televisione.*
*Studio con **un'**amica e **un** amico.*

In italiano **gli articoli indeterminativi sono solo singolari.**

GLI ARTICOLI INDETERMINATIVI	
	Singolare
Maschile	**uno, un**
Femminile	**una, un'**

Per il plurale si usano le preposizioni articolate formate da DI + articolo determinativo (**del**, **dello**, **della**, **dell'**, **dei**, **degli**, **delle** (ARTICOLI PARTITIVI):

__Delle__ ragazze corrono sulla spiaggia.
Questa sera guardo __dei__ film alla televisione.
Studio con __delle__ amiche e __degli__ amici.

Gli articoli indeterminativi e partitivi maschili

UN ➡ Davanti alle parole maschili singolari che cominciano con **VOCALE** e con **CONSONANTE** si usa l'articolo indeterminativo **un** (***un*** *amico*, ***un*** *bicchiere*).

UNO ➡ Davanti alle parole maschili singolari che cominciano con **Z**, **S + consonante, PS**, **PN**, **GN** si usa l'articolo indeterminativo **uno** (***uno*** *zaino*, ***uno*** *studente*, ***uno*** *psicologo*).

DEI ➡ Davanti alle parole maschili plurali che cominciano con **CONSONANTE** si usa l'articolo partitivo **dei** (***dei*** *bicchieri*).

DEGLI ➡ Davanti alle parole maschili plurali che cominciano con **VOCALE** e con **Z**, **S + consonante**, **PS**, **PN**, **GN** si usa l'articolo partitivo **degli** (***degli*** *amici*, ***degli*** *zaini*, ***degli*** *studenti*, ***degli*** *psicologi*).

13 **Volgi al plurale i seguenti nomi, premettendo a ciascuno gli articoli determinativi e gli articoli partitivi adatti.**

un limone **dei limoni**	...... melone	...... carciofo ......
...... zucchino	...... finocchio	...... peperone ......

Gli articoli indeterminativi e partitivi femminili

UNA ➡ Davanti alle parole femminili singolari che cominciano con **CONSONANTE** si usa l'articolo indeterminativo **una** (***una*** *tavola*).

UN' ➡ Davanti alle parole femminili singolari che cominciano con **VOCALE** si usa spesso la forma apostrofata **un'** (***un'****amica*), ma si può anche scrivere ***una*** *amica*.

DELLE ➡ Davanti alle parole femminili plurali si usa l'articolo partitivo **delle** (***delle*** *tavole*, ***delle*** *amiche*).

14 **Premetti alle singole parole l'articolo determinativo o l'articolo partitivo adatto, come negli esempi.**

delle arance	...... anguria	...... rosa	...... begonie
una mela	...... albicocca	...... orchidea	...... ortensia
...... banana	...... pere	...... viola	...... margherita

15 **Premetti ai seguenti nomi l'articolo indeterminativo femminile una o un', come nell'esempio.**

una maestra	...... infermiera	...... attrice	...... farmacista
...... estetista	...... parrucchiera	...... biologa	...... commercialista
...... imprenditrice	...... impiegata	...... ministra	...... preside

16 **Premetti ai seguenti nomi l'articolo indeterminativo maschile un o uno, come nell'esempio.**

un pasticciere	...... scultore	...... elettricista	...... muratore
...... idraulico	...... psicologo	...... studioso	...... scienziato
...... commesso	...... medico	...... avvocato	...... artigiano

17 **Premetti ai seguenti nomi l'articolo indeterminativo un o un', come nell'esempio.**

RICORDA!
UN (senza apostrofo) si usa **davanti a parola maschile**.
UN' (con l'apostrofo) si usa **davanti a parola femminile**.

un gelato ...... arancia ...... albicocca ...... uovo ...... antipasto ...... risotto ...... tortino
...... minestrone ...... oliva ...... pasticcino ...... orata ...... limone ...... insalata ...... caffè

18 **Volgi al plurale i nomi dell'esercizio 16. e premetti a ciascuno l'articolo partitivo. Segui l'esempio**

dei pasticcieri ....
....
....
....

19 **Nelle frasi mancano gli articoli indeterminativi. Inseriscili tu, come nell'esempio.**

1. Marco è **un** bambino vivace e allegro.
2. Oggi è ...... bella giornata di sole.
3. Leggo ...... libro sui terremoti.
4. Auguro ...... buona giornata a tutti.
5. Silvia cucina ...... pasta con le olive davvero buona.
6. Vado al cinema con ...... amica.
7. Nella torta di mele Nicole mette ...... uovo, ... etto di zucchero, ... vasetto di jogurt, ... bustina di lievito e ...... bicchiere di olio.

20 **Nelle frasi seguenti inserisci l'articolo determinativo o indeterminativo opportuno. Segui l'esempio.**

1. **Il** balcone di Luisa è pieno di fiori: ci sono anche **un** vaso di limoni e **una** cassetta di erbe odorose.
2. ...... sorella di Brigitte è ...... bella ragazza con ...... sorriso dolce e simpatico.
3. ...... mio compagno di classe è ...... fidanzato di mia cugina.
4. ...... macchina parcheggiata sotto casa mia è di ...... conoscente di mia madre.
5. Pietro fa ...... compiti per domani, Marco guarda ...... cartoni animati, Alessandro manda ...... sms a ...... sua amica, Giovanni legge ...... libro.
6. Fra ...... minuto smetto di scrivere al computer e preparo per tutti ...... buon tè caldo.
7. ...... allenamenti di calcio di Andrea sono ...... martedì e ...... giovedì. ...... partita invece è ...... domenica.

ATTENZIONE!

Gli articoli partitivi si usano anche al singolare – *del, dello, dell', della, dell'* –, per dire "***un po' di***".
Esempio: *Metto* ***del*** (= un po' di) *latte nel caffè e mangio* ***del*** (= un po' di) *pane con la marmellata.*

Nelle seguenti frasi inserisci l'articolo partitivo opportuno.

Quando ho **del** tempo libero leggo ...... libri di avventura o ...... fumetti.
Posso avere ...... zucchero, per piacere?
Anna aggiunge ...... cioccolata nella torta.
Per aggiustare il mobiletto Luigi usa ...... colla.
Valeria compera ...... prosciutto crudo e ...... mortadella e fa ...... panini per i suoi amici.
Se hai ...... dubbi, puoi usare il vocabolario.

Gli aggettivi

Gli **aggettivi** sono parole che **"si aggiungono" ai nomi per attribuire loro una particolare qualità o caratteristica o per determinarli in modo più preciso**. In italiano gli aggettivi sono di due tipi: **qualificativi** e **determinativi.**

Gli aggettivi qualificativi

Gli aggettivi qualificativi forniscono informazioni sulle qualità e sulle caratteristiche della persona o cosa indicata dal nome (*un libro interessante* , *un film noioso*).

Gli aggettivi concordano in genere e in numero con i nomi cui ri riferiscono, quindi maschili o femminili, singolari o plurali

*Un motorino usat**o** – due motorini usat**i***   *una bicicletta nuov**a** – due biciclette nuov**e***

Gli aggettivi che finiscono in **-o** al maschile singolare fanno il femminile singolare in **-a**, il maschile plurale in **-i** e il femminile plurale in **-e**:

*ragazzo alt**o** → ragazza alt**a***   *ragazzi alt**i** → ragazze alt**e***

Completa la seguente tabella concordando i seguenti aggettivi in **-o** al femminile singolare e al plurale maschile e femminile, come nell'esempio.

SINGOLARE		PLURALE	
maschile	**femminile**	**maschile**	**femminile**
un ragazzo buono	una ragazza buona	due ragazzi buoni	due ragazze buone
un ragazzo cattivo	....	....	....
un ragazzo simpatico	....	....	....
un ragazzo antipatico	....	....	....
un ragazzo assonnato	....	....	....
un ragazzo preoccupato	....	....	....
un ragazzo allegro	....	....	....
un ragazzo testardo	....	....	....

Gli aggettivi che finiscono in **-e** al maschile e femminile singolare fanno il maschile e il femminile plurale in **-i**:

*ragazzo gentil**e** → ragazza gentil**e***   *ragazzi gentil**i** → ragazze gentil**i***

Completa la seguente tabella concordando i seguenti aggettivi in **-e** al femminile singolare e al plurale maschile e femminile, come nell'esempio.

SINGOLARE		PLURALE	
maschile	**femminile**	**maschile**	**femminile**
un ragazzo intelligente	una ragazza intelligente	due ragazzi intelligenti	due ragazze intelligenti
un ragazzo capace	....	....	....
un ragazzo dolce	....	....	....
un ragazzo superficiale	....	....	....
un ragazzo invadente	....	....	....
un ragazzo triste	....	....	....
un ragazzo affascinante	....	....	....
un ragazzo pesante	....	....	....
un ragazzo socievole	....	....	....

21 **Trasforma dal singolare al plurale e dal plurale al singolare le seguenti espressioni, come negli esempi.**

una nuova scuola	**delle nuove scuole**
l'aula luminosa	le aule luminose
....	delle palestre grandi
il corridoio affollato	....
l'ingresso accogliente	....
un laboratorio attrezzato	....
....	dei cortili vuoti
....	i bagni puliti
la mensa chiusa	....
una biblioteca ricca	....

22 **Scrivi il contrario dei seguenti aggettivi, come nell'esempio.**

grande	**piccolo**	ricco	....
lungo	....	bello	....
largo	....	dolce	....
lontano	....	forte	....
caldo	....	pieno	....
magro	....	difficile	....
alto	....	costoso	....
antipatico	....	aperto	....

23 **Uno dei due articoli e uno dei due aggettivi sono errati: cancellali, come nell'esempio.**

1. I / ~~Gli~~ tappeti del salotto sono ~~colorate~~ / colorati.
2. Il / la mia compagna di banco è simpatica / simpatico.
3. Il / lo professore di inglese dà molti / molte compiti.
4. La / l'ora di grammatica è spesso pesanta / pesante.
5. La / il segretaria è una persona gentila / gentile.
6. Oggi impariamo un / una vecchia / vecchio canzone inglesa / inglese.
7. Devo comperare dei / del quaderni nuovi / nuove.

Gli aggettivi *bello e buono*

L'aggettivo **BELLO** ha forme diverse a seconda della parola che lo segue, perché si comporta come l'articolo determinativo:

bell'amico, **bel** bambino, **bello** zaino
begli amici, **bei** bambini, **begli** zaini

bella ragazza, **bell**'amica
belle ragazze, **belle** amiche

24 **Completa le seguenti frasi inserendo la forma corretta dell'aggettivo "bello". Segui l'esempio.**

1. Il fratello di Renzo è un **bel** ragazzo; anche la madre è una **bella** signora.
2. Quest'estate resto in città, ma trascorro delle .... giornate in piscina.
3. Sam abita in un .... appartamento in centro.
4. Andrei sta in periferia, ma ha una villetta con un .... giardino.
5. Per la porta di ingresso comperiamo un .... zerbino nuovo.
6. Nora ha dei .... occhi blu e dei .... capelli neri.
7. Sei proprio un .... amico! Non aiuti mai nessuno.

Anche l'aggettivo **BUONO** ha forme diverse a seconda della parola che lo segue perché si comporta come l'articolo indeterminativo:

buon (come **un**) *buon amico, buon bambino*
buono (come **uno**) *buono studente, buono psicologo*
buona (come **una**) *buona ragazza*
buon' (come **un'**) *buon'amica.* **Ma questa forma è poco usata e si preferisce buona.**

25 Scrivi davanti ai nomi l'aggettivo adatto, scegliendo tra: *buono, buona, buon, buon', buoni, buone*.

un **buon** pranzo	un .... anniversario
un .... anno	un .... viaggio
una .... domenica	dei .... studenti
delle .... feste	una .... prova
delle .... cose	una .... anima
un .... psichiatra	dei .... pasticcini

Gli aggettivi di nazionalità

Da dove vieni?

Io sono portoghese, Ali è indiano.

Per indicare la nazione di provenienza di una persona si usa il **verbo ESSERE + l'aggettivo di nazionalità**.

Gli aggettivi di nazionalità di solito finiscono in **-o** (come *italian**o**, spagnol**o***) o in **-e** (come *ingles**e**, frances**e***).

Completa la tabella seguente contenente aggettivi di nazionalità che al maschile finiscono in -o. Se hai dei dubbi, usa il vocabolario!

NAZIONE	SINGOLARE		PLURALE	
	maschile	femminile	maschile	femminile
Algeria	....	....	....	....
Austria	austriaco	austriaca	austriaci	austriache
Brasile	....	....	....	....
Germania	....	....	....	....
Grecia	....	....	....	....
Marocco	....	....	....	....
Polonia	....	....	....	....
Romania	....	....	....	....
Spagna	....	....	....	....
Svizzera	....	....	....	....
Tunisia	....	....	....	....
(aggiungi tu altri Paesi con i loro aggettivi di nazionalità)				
....	....	....	....	....
....	....	....	....	....
....	....	....	....	....

Completa la tabella seguente contenente aggettivi di nazionalità che al maschile finiscono in -e.

NAZIONE	**SINGOLARE**	**PLURALE**
	maschile efemminile	**maschile e femminile**
Cina	cinese	cinesi
Francia	....	....
Giappone	....	....
Inghilterra	....	....
Irlanda	....	....
Norvegia	....	....
Olanda	....	....
Portogallo	....	....
Svezia	....	....
(aggiungi tu altri Paesi con i loro aggettivi di nazionalità)		
....	....	....
....	....	....

Per indicare la nazione di provenienza di una persona si può usare anche il verbo **VENIRE con la preposizione articolata** DA + articolo determinativo: **dal / dall' / dalla / dallo / dai / dagli / dalle**.

– *Siete italiani? Da dove venite?*
– *Io vengo dal Belgio, Claudia viene dalla Romania. Tu da dove vieni?*
– *Vengo dal Camerun e il mio amico Gérard viene dallo Zaire.*

Il presente indicativo del verbo VENIRE che si utilizza in questi casi è:

IO	**VENGO**
TU	**VIENI**
LUI/LEI	**VIENE**
NOI	**VENIAMO**
VOI	**VENITE**
LORO	**VENGONO**

26 **Completa le seguenti frasi con i verbi e le preposizioni articolate adatti. Segui l'esempio.**

Nadia e Jana ....**vengono**.... ....**dalla**.... Moldavia.
Miguel .... Argentina.
Buongiorno Signora, Lei da dove ....? Io e la mia famiglia .... Russia.
Io .... Brasile, Rosa .... Perù. E tu, da dove ....?
Noi .... Paesi Bassi, voi .... Marocco.

27 **Informati sulla provenienza di due compagni. Scrivi sotto le tue domande e le loro risposte.**

1. ....
....

2. ....
....

Bandiere e colori

Leggi il seguente articolo della *Costituzione italiana* e disegna la bandiera italiana.

Art. 12. La bandiera della Repubblica è il tricolore italiano: verde, bianco e rosso, a tre bande verticali di eguali dimensioni.

Come è la bandiera del tuo Paese? Disegnala e poi descrivila.

....

....

Intervista un tuo compagno di classe. Come è la bandiera del suo Paese? Disegnala e poi descrivila.

Il mio compagno (nome) .... *è* (aggettivo di nazionalità) ....

La bandiera del/dello/della/degli (nome dello Stato ....) *è* ....

....

....

GiOCa!

Aggettivi per tutti i gusti

Gioca tutta la classe. Uno degli studenti sceglie un nome e lo scrive alla lavagna. Ogni studente scrive sul suo quaderno il maggior numero di aggettivi che possono riferirsi a quel nome. Dopo due minuti si contano gli aggettivi scritti da ognuno e si assegna un punto per ogni aggettivo corretto. Si ripete il gioco con altri quattro o cinque nomi. Vince chi alla fine ha totalizzato più punti.

Esempio. Nome scelto: MELA

Roger scrive gli aggettivi *dolce, succosa, matura, croccante, marcia, saporita, aspra, cotta, salata.* Gli aggettivi sono nove, ma "salato" è sbagliato perché non si può attribuire a un nome come *mela*; dunque Roger totalizza 8 punti.

Gli aggettivi e i pronomi determinativi

Gli AGGETTIVI determinativi **aggiungono al nome cui si riferiscono una particolare precisazione o determinazione**.
Leggi gli esempi.

*La **mia** penna non scrive più.* *__Questo__ giornale è di ieri.*

Si usano i determinativi anche come PRONOMI (= parole che stanno al posto del nome).
Leggi queste due frasi:

1. *Io leggo **questo** libro.*
2. *Tu leggi quel libro, io leggo **questo**.*

Nella frase 1. ➡ il determinativo **questo** è un aggettivo = accompagna il nome (il nome c'è).
Nella frase 2. ➡ il determinativo **questo** è un pronome = sostituisce il nome (il nome non c'è)

Gli aggettivi e i pronomi possessivi

*Il **mio** gatto è nero.*
*I **tuoi** pantaloni sono nuovi.*
*Il **vostro** lavoro non è difficile.*

Gli aggettivi **mio, tuoi, vostro** sono POSSESSIVI. Precisano a chi appartiene la persona, l'animale o la cosa indicata dal nome.

MASCHILE		FEMMINILE	
singolare	**plurale**	**singolare**	**plurale**
il **mio** quaderno	i **miei** quaderni	la **mia** penna	le **mie** penne
il **tuo** quaderno	i **tuoi** quaderni	la **tua** penna	le **tue** penne
il **suo** quaderno	i **suoi** quaderni	la **sua** penna	le **sue** penne
il **nostro** quaderno	i **nostri** quaderni	la **nostra** penna	le **nostre** penne
il **vostro** quaderno	i **vostri** quaderni	la **vostra** penna	le **vostre** penne
il **loro** quaderno	i **loro** quaderni	la **loro** penna	le **loro** penne

28 Completa le frasi seguenti con l'aggettivo possessivo adatto, come nell'esempio.

1. Tengo i (*di me*) ......**miei**...... libri in una piccola libreria vicina al (*di me*) .... letto. Tu dove tieni i (*di te*) .... libri?
2. Meg e Bianca vanno sempre a spasso con il (*di loro*) .... cane vicino a casa (*di te*) ....
3. Le (*di voi*) .... divise da calcio sono pronte per la partita di domani. Le (*di noi*) .... divise, invece, sono ancora sporche.
4. Nora ricama. È il (*di lei*) .... passatempo preferito. E tu cosa fai nel (*di te*) .... tempo libero?
5. I (*di noi*) .... nonni abitano in Polonia.
6. Miki è orgoglioso della (*di lui*) .... macchina nuova e dà spesso un passaggio ai (*di lui*) .... amici.
7. La (*di noi*) .... vacanza ideale è una settimana in montagna; la (*di loro*) ...., invece, è una crociera.
8. Oggi pomeriggio facciamo una partita di pallavolo con i (*di noi*) .... amici.
9. Luigi vive a Genova, ora ti do il (*di lui*) .... indirizzo.
10. È sempre un grande piacere stare in (*di voi*) .... compagnia!

ATTENZIONE!

Gli aggettivi possessivi, come hai visto, di solito **vogliono** davanti a sé **l'articolo**. Lo rifiutano, invece con i nomi di parentela **singolari**. Perciò si dice:
mia madre, *mio* padre, *mio* nonno, *mio* fratello (continua tu) ....
....

Vogliono però l'**articolo** con i nomi di parentela:
- **plurali**: *i miei* nonni, *i miei* genitori... (continua tu) ....;
- **singolari accompagnati da un aggettivo o da un'altra informazione**: *il mio* fratello *maggiore*, *il mio* nonno *materno*, *il mio* zio di *Milano* (continua tu) ....
- **singolari alterati**: *il mio* fratell*one*, *la mia* cugin*etta*, *la mia* mogliett*ina*;
- **mamma** e **papà**: *la mia mamma*, *il mio papà*.

Gli aggettivi possessivi sono usati anche come **pronomi**, per evitare la ripetizione del nome cui si riferiscono.

Il ***mio*** quaderno è rosso, il ***tuo*** è verde.

➡ **mio** accompagna il nome: è un aggettivo
➡ **tuo** sostituisce il nome: è un pronome

Gli aggettivi e i pronomi dimostrativi

Gli **aggettivi dimostrativi indicano la posizione di qualcuno o qualcosa rispetto a chi parla o a chi ascolta**. In particolare si usa *questo* per indicare una cosa o una persona vicina a chi parla o ascolta; *quello* per indicare una cosa o una persona lontana da chi parla o ascolta.

Vorrei *queste* caramelle e *quei* cioccolatini.

In particolare:

QUESTO ➡ di solito si apostrofa davanti a un nome maschile singolare.
questo bambino / *quest'*uomo
questa bambina, *questa* donna, *questi* bambini, *queste* donne

QUELLO ➡ ha forme diverse a seconda della parola che segue (si comporta come l'articolo determinativo).

QUELLO ➡ (come l'articolo determinativo **lo**) si usa davanti a un nome maschile iniziante per S + consonante, Z, PS, GN, X (Esempio: *quello zaino, quello psicologo)*

QUELL' ➡ (come **l'**) si usa davanti a un nome maschile iniziante per vocale (*quell'amico, quell'inverno*)

QUEL ➡ (come **il**) si usa davanti a un nome maschile iniziante per consonante (*quel bambino, quel pacchetto*)

QUELLA ➡ (come **la**) si usa davanti a un nome femminile iniziante per consonante (*quella ragazza, quella signora*)

QUELL' ➡ (come **l'**) si usa davanti a un nome femminile iniziante per vocale (*quell'amica, quell'estate*)

QUEI ➡ (come **i**) si usa davanti a un nome maschile iniziante per consonante (*quei bambini, quei pacchetti*)

QUEGLI ➡ (come **gli**) si usa davanti a un nome maschile iniziante per vocale e con S + consonante, Z, PS, GN, X (*quegli amici, quegli psicologi*)

QUELLE ➡ (come **le**) si usa davanti a un nome femminile (*quelle ragazze, quelle amiche*)

29 **Completa le seguenti frasi con l'aggettivo dimostrativo adatto, scegliendolo tra:** ***quello, quella, quei, quegli, quelle, quell', quel.***

1. ...Quella... ragazza è molto affascinante: ha .... sguardo profondo e .... occhi sorridenti che ti conquistano.
2. Sotto .... albero crescono dei bellissimi fiori.
3. .... bambini sono i miei cuginetti.
4. .... vestito elegante sta bene con .... scarpe con il tacco.
5. Tua nonna fa ancora .... buoni biscotti?
6. Non riesco a fare .... esercizio; questo problema invece è facile.

I pronomi personali soggetto e complemento

I **pronomi personali** sono pronomi che consentono di indicare, senza specificare o ripetere il nome proprio o comune, le persone che parlano e che ascoltano e le persone di cui si parla.

I **pronomi personali soggetto** sono pronomi che nella frase svolgono la funzione di soggetto:

Tu sei sempre allegro.
Lei è cinese.
Noi andiamo al cinema.

"Tu", "Lei" e "Noi" sono pronomi personali e sono il soggetto di ciascuna frase.

I **pronomi personali complemento** si usano per indicare non il soggetto della frase ma un complemento oggetto o un complemento indiretto.

Io vado allo stadio e con *me* vengono anche i miei amici.

"Io" e "me" sono pronomi personali di 1° persona singolare, ma **io** è soggetto, invece **me** è complemento.

I **pronomi personali complemento** hanno due forme: la **forma forte** e **la forma debole**.

A te (forma forte) Clara ha regalato una penna.
Clara ***ti*** (forma debole) ha regalato una penna.

SCHEMA DEI PRONOMI PERSONALI

Pronomi personali soggetto	Pronomi personali complemento	
	Forme forti	Forme deboli
IO	**ME**	**MI**
TU	**TE**	**TI**
LUI/LEI ESSO/ESSA	**LUI/LEI ESSO/ESSA**	**LO/GLI** (maschile) **LA/LE** (femminile)
NOI	**NOI**	**CI**
VOI	**VOI**	**VI**
LORO ESSI/ESSE	**LORO ESSI/ESSE**	**LI** (maschile) **LE** (femminile)

Quando il pronome ha la funzione di complemento oggetto (risponde alla domanda: *chi? che cosa?*) o di complemento di termine (risponde alla domanda: *a chi? a che cosa?*) SI PUÒ USARE LA FORMA DEBOLE O LA FORMA FORTE.

Con gli altri complementi SI DEVE USARE SEMPRE LA FORMA FORTE.

Alex ha invitato **me** alla sua festa.

Alex (soggetto) ha invitato (chi?) **me (= complemento oggetto)**... *si può usare la forma forte*

Alex **mi** ha invitato alla sua festa.

Alex (soggetto) **mi (= complemento oggetto)** ha invitato... *si può usare anche la forma debole*

Luca porta **a me** il suo libro di grammatica.

Luca (soggetto) **a me** (a chi?) **(= complemento di termine)** porta il suo libro... *si può usare la forma forte*

Luca **mi** porta il suo libro di grammatica.

Luca (soggetto) **mi** (a chi?) **(= complemento di termine)** porta il suo libro... *si può usare anche la forma debole*

Dan viene **con me** al concerto stasera.

Dan viene **con me (= complemento di compagnia)** *si può usare solo la forma forte*

30 Completa le seguenti frasi con i pronomi personali corretti.

RICORDA!

MI = me, a me
TI = te, a te
CI = noi, a noi
VI = voi, a voi

1. – Conosci Franz? – Sì, ma non ...ci... (*noi*) vediamo da molto tempo.
2. Ora sono di fretta. .... (*te*) chiamo dopo.
3. .... (*a voi*) ricordo che domani abbiamo il compito di scienze.
4. Non .... (*te*) voglio più vedere.
5. D'estate .... (*a me*) piace dormire fino a tardi.
6. .... (*noi*) vediamo in palestra questa sera.
7. Domani andiamo a teatro. .... (*a te*) interessa venire con noi?

I pronomi personali complemento di terza persona

Alla terza persona singolare e plurale i pronomi con funzione di complemento oggetto (= pronomi diretti) sono diversi dai pronomi con funzione di complemento di termine (= pronomi indiretti).

*Prendo il mio cane e **lo** porto al parco. → lo (compl. oggetto) = **lui***
*Prendo il mio cane e **gli** metto il guinzaglio. → gli (compl. termine) = **a lui***

*Vado da Luisa e **la** porto al cinema. → la (compl. oggetto) = **lei***
*Vado da Luisa e **le** regalo un mazzo di fiori. → le (compl. termine) = **a lei***

*Telefono alle zie e **le** ringrazio per il regalo. → le (compl. oggetto) = **loro***
*Telefono alle zie e chiedo **loro** quando vengono a trovarci. → loro (compl. termine) = **a loro***

*Incontro i miei amici e **li** invito a casa mia. → li (compl. oggetto) = **loro***
*Incontro i miei amici e porto **loro** un caffè. → loro (compl. termine) = **a loro***

I PRONOMI COMPLEMENTO DI TERZA PERSONA	
LO = lui	**LA** = lei
GLI = a lui	**LE** = a lei
LI = loro (maschile)	**LE** = loro (femminile)
LORO = a loro (maschile e femminile)	

ATTENZIONE! I pronomi personali con funzione di complemento oggetto si mettono sempre PRIMA del verbo.

31 **Completa le seguenti frasi con i pronomi personali diretti. Segui l'esempio.**

RICORDA!

LO = lui	**LA = lei**
LI = loro (maschile)	**LE = loro** (femminile)

1. Vedo Paolo e **lo** saluto (*Paolo*).
2. – Dov'è la farina? – .... trovi (*la farina*) nella credenza in cucina.
3. Luca telefona a Chiara e .... invita (*Chiara*) alla festa.
4. Francesco prende i suoi libri e .... mette (*i libri*) sulla scrivania.
5. Carlo vede i suoi amici e .... saluta (*i suoi amici*).
6. Sonia incontra Laura e Ilenia e .... accompagna a casa (*Laura e Ilenia*).
7. Vic fa la spesa e .... porta a casa (*la spesa*).

32 **Completa le seguenti frasi con i pronomi personali indiretti. Segui l'esempio.**

RICORDA!

GLI = a lui	**LE = a lei**
LORO = a loro (maschile e femminile)	

1. Fabio incontra Iulia e **le** chiede (*a lei*) come sta.
2. Carlo compie gli anni e i suoi amici .... (*a lui*) organizzano una festa a sorpresa.
3. Nicole è ammalata. Oggi .... (*a lei*) porto i compiti.
4. Telefoniamo a Stefan e .... (*a lui*) domandiamo se viene a giocare a pallavolo con noi.
5. Andiamo dai nostri insegnanti e chiediamo .... (*a loro*) di non interrogare il lunedì.
6. Alice e Silvia sono molto brave in matematica. Diego domanda .... (*a loro*) un aiuto per risolvere i problemi.

UNA COSA IN PIÙ

I pronomi si possono usare anche al posto di una frase intera.

Rama disturba sempre durante la lezione. ***Lo*** *dico al professore.* (**Lo** = che Rama disturba)

Armin e Charlotte si sposano! ***Questo*** *mi fa felice.* (**Questo** = che Armin e Charlotte si sposano)

UNITÀ 3

Diamo i numeri: date, ore, prezzi e indirizzi

"Dare i numeri"

Che cosa vuol dire?

☐ fare dei calcoli
☐ dire o fare cose senza logica
☐ fare dei conti

Che giorno è? Scrivi la data di oggi. ....

Test!

Raul chiede alcune informazioni a Svetlana. Leggi il dialogo.

- *Ciao! Sai dirmi che ore sono?*
- *Sono undici quindici minuti.*
- *Grazie! Parto subito, perché al mezzogiorno devo trovarmi al numero 2, piazza Verdi. Sai indicarmi la strada?*
- *Sì. Quando sei al ponte Garibaldi, attraversalo e poi prendi primo strada sulla destra.*

Il testo contiene alcuni errori nell'uso dei numeri. Sai correggerli? Sottolinea le espressioni sbagliate e scrivi qui sotto le forme corrette.

....
....
....

RICORDA

I **numeri** si utilizzano in molte occasioni della vita di tutti i giorni. Per esempio, per indicare le date, le ore del giorno e il numero civico degli edifici. In italiano in alcuni casi si usano i **numeri cardinali** (uno, due , tre ecc.), in altri i **numeri ordinali** (primo, secondo, terzo ecc.). I numeri cardinali sono indeclinabili (***tre** case, **tre** bambini*), i numeri ordinali, invece concordano con il nome a cui si riferiscono e possono dunque essere maschili o femminili, singolari o plurali (il terz**o** piano, la terz**a** camera, i terz**i** piani, le terz**e** file).

UNA COSA IN PIÙ

Nella scuola italiana i numeri si usano per la **valutazione degli alunni**. I voti, in Italia, vanno dall'1 al 10: quelli dall'1 al 5 indicano una valutazione negativa (= insufficiente), quelli dal 6 al 10 indicano una valutazione positiva. All'esame conclusivo della Scuola Superiore (Esame di Stato) la valutazione viene espressa in centesimi: il voto migliore è 100 e per superare l'esame è necessario ottenere almeno 60.

Nelle scuole del tuo Paese come sono espresse le valutazioni scolastiche? Racconta ai tuoi compagni di classe.

....

....

....

NUMERI CARDINALI	
in lettere	**in cifre**
uno	1
due	2
tre	3
quattro	4
cinque	5
sei	6
sette	7
otto	8
nove	9
dieci	10
undici	11
dodici	12
tredici	13
quattordici	14
quindici	15
sedici	16
diciassette	17
diciotto	18
diciannove	19
venti	20
ventuno	21
ventidue	22
ventitré	23
ventiquattro	24
venticinque	25
ventisei	26
ventisette	27
ventotto	28
ventinove	29
trenta	30

NUMERI ORDINALI		
in lettere	**in cifre**	**in numeri romani**
primo	1°	I
secondo	2°	II
terzo	3°	III
quarto	4°	IV
quinto	5°	V
sesto	6°	VI
settimo	7°	VII
ottavo	8°	VIII
nono	9°	IX
decimo	10°	X
undicesimo	11°	XI
dodicesimo	12°	XII
tredicesimo	13°	XIII
quattordicesimo	14°	XIV
quindicesimo	15°	XV
sedicesimo	16°	XVI
diciassettesimo	17°	XVII
diciottesimo	18°	XVIII
diciannovesimo	19°	XIX
ventesimo	20°	XX
ventunesimo	21°	XXI
ventiduesimo	22°	XXII
ventitreesimo	23°	XXIII
ventiquattresimo	24°	XXIV
venticinquesimo	25°	XXV
ventiseiesimo	26°	XXVI
ventisettesimo	27°	XXVII
ventottesimo	28°	XXVIII
ventinovesimo	29°	XXIX
trentesimo	30°	XXX

ATTENZIONE!

In italiano si dice VENTUNO (non VENTIUNO) e VENTOTTO (non VENTIOTTO). Allo stesso modo si dice TRENTUNO, QUARANTUNO, CINQUANTUNO ecc.; TRENTOTTO, QUARANTOTTO, CINQUANTOTTO ecc.

1 Scrivi in lettere i seguenti numeri cardinali:

43 ....
55 ....
78 ....
91 ....

2 Ora scrivi i numeri ordinali corrispondenti:

43° o XXXXIII = **quarantatreesimo**
55° o LV = ...
78° o LXXVIII = ...
91° o XCI = ...

3 Sai scrivere in lettere questi numeri? Prova.

100 ....
101 ....
200 ....
1.000 ....
10.000 ....
1.000.000 ....

Osserva come si leggono questi numeri:

854

8	5
ottocento	cinquantaquattro

1492

1	4	92
mille	quattrocento	novantadue

1960

1	9	60
mille	novecento	sessanta

2013

2	0	13
duemila	(e)	tredici

4 Ora scrivi come si leggono i seguenti numeri. Segui l'esempio.

456 = **quattrocentocinquantasei**
1915 = ...
1621 = ...
712 = ...
2001 = ...

Le date

I **numeri** si usano per indicare le **DATE**.

Alla domanda:

*Che **giorno** è oggi?*

Si risponde:

*Oggi è il **18 maggio** 2013.*
oppure *Oggi è **sabato 18 maggio** 2013.*

5 Conosci e usi correttamente i giorni della settimana? Prova.

....

6 Conosci e usi correttamente i mesi dell'anno?

....

In italiano, per indicare una data, si scrive prima il giorno, poi il mese, poi l'anno:

26/1/1996

26 (giorno del mese)/**1** (=gennaio, mese)/**1996** (anno) si legge "ventisei gennaio millenovecentonovantasei".

Come vedi

- il giorno – al primo posto – si indica con il numero cardinale (**26**/1/1996 = **ventisei** gennaio 1996). Solo per il primo giorno di ogni mese si usa il numero ordinale "**primo**" (Per esempio: Il mio compleanno è il **primo** gennaio);
- il mese – al secondo posto – si può indicare con il numero cardinale (26/**1**/1996 = ventisei gennaio 1996) oppure si può scrivere in lettere (26 **gennaio** 1996). Il mese può essere indicato anche con il numero romano corrispondente (26/**I**/1996).

7 **Completa la seguente tabella scrivendo accanto a ciascun numero romano il mese corrispondente.**

I = **gennaio**	V = ...	IX = ...
II = **febbraio**	VI = ...	X = ...
III = ...	VII = ...	XI = ...
IV = ...	VIII = ...	XII = ...

- l'anno – al terzo posto – si indica con il numero cardinale (26/1/**1996**).

8 Scrivi, in numeri e in lettere,

1. la data del tuo compleanno: ....
2. il giorno in cui cominciano le vacanze di Natale: ....
3. il giorno in cui finisce la scuola: ....

UNA COSA IN PIÙ

Le date, specialmente nei libri di storia, possono essere seguite da **a.C.** (avanti Cristo = prima di Cristo) o da **d.C.** (dopo Cristo). In Italia, come in tutti i Paesi occidentali, la nascita di Cristo è l'anno 0, a partire dal quale si contano gli anni. Così, **49 a.C.** indica 49 anni prima della nascita di Cristo, **476 d.C.** indica 476 anni dopo la nascita di Cristo.

I vari periodi di tempo possono essere indicati con un nome particolare:

1000 anni = un millennio
100 anni = un secolo
10 anni = un decennio
20 anni = un ventennio

Continua tu

30 anni = ...
40 anni = ...
50 anni = ...
60 anni = ...
70 anni = ...
80 anni = ...
90 anni = ...

ATTENZIONE!

In italiano c'è un modo particolare per indicare i secoli dopo l'anno Mille. Per esempio, per indicare il secolo dal 1200 al 1299, si dice il Duecento (numero cardinale del secolo scritto con la lettera maiuscola, senza "mille") o anche il '200 (numero cardinale scritto in cifre preceduto dall'apostrofo). Così,

per indicare gli anni 1400-1499 si dice .... o ....
per indicare gli anni 1800-1899 si dice .... o ....
per indicare gli anni 1600-1699 si dice .... o ....
per indicare gli anni ....-.......... si dice .... o ....

I secoli si possono anche indicare con il numero ordinale, scritto in numeri romani:

gli anni 1200-1299 si chiamano"il Tredicesimo secolo", che può essere scritto anche "il XIII secolo"
gli anni 1500-1599 si chiamano "il Sedicesimo secolo", che può essere scritto anche ....

Per indicare un decennio, per esempio gli anni 1970-1979, si può dire "gli anni Settanta",

per indicare gli anni 1930-1939 si dice ....
per indicare gli anni 1940-1949 si dice ....

Se non è chiaro il secolo a cui si riferisce il decennio, lo si specifica. Per esempio, si dice "Gli anni Cinquanta del XVIII (diciottesimo) secolo (= il decennio 1750-1759)".

Le ore del giorno

I **numeri** si usano anche per indicare le **ORE DEL GIORNO**.

Per chiedere l'ora si dice

– *Che **ore sono**? / Che **ora è**?* oppure
– *Scusi, mi **saprebbe dire** che ore sono?* (forma di cortesia)

Si risponde

– *È l'**una e venti**.*
– *Sono le **dieci meno cinque** (minuti).*
– *Sono le **otto e quaranta** (minuti).*
– *Sono le **cinque e un quarto*** (un quarto = 15 minuti).
– *Sono le **due e mezza** / **o*** (mezza/mezzo = 30 minuti).
– *Sono le **sette e tre quarti*** (tre quarti = 45 minuti) o *Sono le **otto meno un quarto**.*

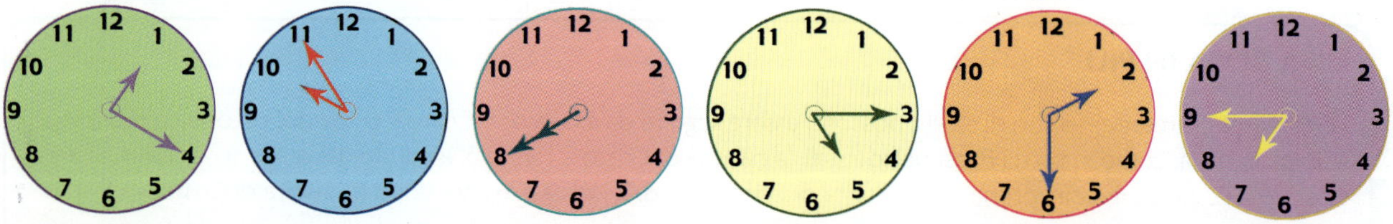

9 Sai scrivere l'ora indicata dai seguenti orologi?

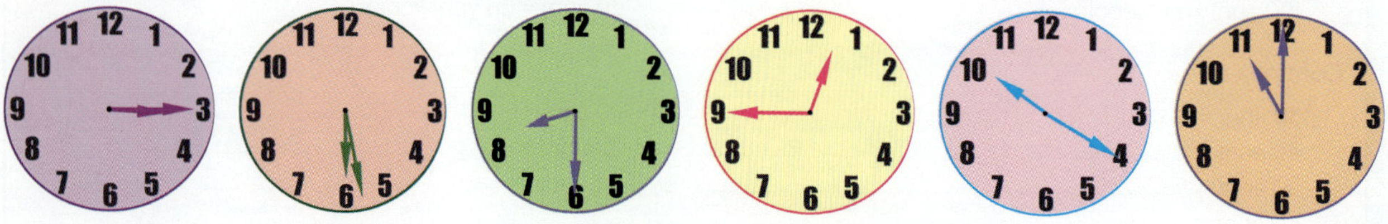

....

ATTENZIONE!

In italiano le ore si indicano con i numeri preceduti dall'articolo determinativo femminile plurale ("sono **le** nove", NON "sono il nove" o "sono nove"). Ma si dice: "È l'una" (singolare), "È mezzogiorno" (singolare senza articolo), "È mezzanotte" (singolare senza articolo).

Per indicare le ore del pomeriggio e della sera ci sono due modi:
- si possono usare i numeri da uno a dodici,
- si possono usare i numeri da tredici a ventiquattro.

Se si usano i numeri da uno a dodici spesso si aggiunge "di pomeriggio", "di sera" o "di notte".
Ci siamo incontrati alle due di pomeriggio. Pietro è arrivato alle nove di sera. Siamo tornati alle tre di notte.

Le ore del pomeriggio e della sera

1 o 13 = È l'una / Sono le tredici
2 o 14 = Sono le due / le quattordici
3 o 15 = Sono le tre / le quindici
4 o 16 = Sono le quattro / le sedici
5 o 17 = Sono le cinque / le diciassette
6 o 18 = Sono le sei / le diciotto
7 o 19 = Sono le sette / le diciannove
8 o 20 = Sono le otto / le venti

10 **Scrivi le ore indicate sotto.**

2.25 **Sono le due e venticinque**
4.15 ....
6.35 ....
1.45 ....
13.18 ....
21.02 ....

Impara le seguenti espressioni:

Il mio orologio è dieci minuti **avanti** / è dieci minuti **indietro**
Sono **puntuale** / **in anticipo** / **in ritardo**

Gli avverbi e le preposizioni di tempo

Quando?

l'altro ieri - **ieri** - **oggi** - **domani** - **dopodomani**
all'inizio - **prima** - **adesso** / **ora** - **dopo** - **alla fine**
precedentemente - **contemporaneamente** - **successivamente**

ORE: **all'**una, **alle** dieci, **alle** dodici
GIORNI: **il** 13 maggio, **l'**8 agosto
MESI: **in** gennaio, **in** settembre
ANNI: **nel** 1996, **nel** 18 a.C.
STAGIONI: **in** / **a** primavera, **in** / **d'**autunno, **d'**estate, **d'**inverno
FESTE: **a** Natale, **a** Ferragosto
MOMENTI DELLA GIORNATA: **in** mattinata, **nel** pomeriggio, **di** notte

Fra quanto tempo?

Fra (per indicare un momento preciso nel futuro): **Fra** tre giorni / **Fra** una settimana / **Fra** un mese...

Esempi: *Oggi è il 15 ottobre, **fra** una settimana sarà il 22 ottobre.*
*Arrivo da te **fra** 5 minuti.*

Quanto tempo fa?

Tre giorni **fa** / una settimana **fa** / un mese **fa**... (per indicare un momento preciso nel passato)
Esempio: *Oggi è il 15 ottobre, una settimana* ***fa*** *era l'8 ottobre.*

Da quanto tempo?

Da (per esprimere un periodo di tempo che continua ancora).
Esempio: *Abito a Verona* ***da*** *un anno.*

Per quanto tempo?

Per (per esprimere un periodo di tempo concluso, nel presente o nel futuro).
Esempi: *Sono stato in vacanza* ***per*** *un mese.* *Abiteremo in Italia* ***per*** *due anni.*

Da quando a quando?

da / **dalle... a** / **alle** (per indicare un periodo di tempo con un inizio e una fine precisi).
Esempi: *La ricreazione dura* ***dalle*** *10 e 45* ***alle*** *11.* ***Da*** *lunedì* ***a*** *venerdì sarò a Bologna.*

In quanto tempo?

In (per esprimere quanto tempo abbiamo impiegato o impiegheremo per fare qualcosa).
Esempi: ***In*** *quanto tempo hai fatto i compiti?*
In *pochi minuti arriverò a casa tua.*

In che periodo di tempo?

Tra... e (per indicare un periodo entro cui succede un fatto).
Esempio: *Arriverò a casa tua* ***tra*** *le 8* ***e*** *le 8.10.*

11 **Rispondi a queste domande**

Quanto tempo fa sei arrivato in Italia? ....
Da quanto tempo frequenti questa scuola? ....
Per quanto tempo resterai in questa città? ....
Da quando a quando saranno le vacanze di Natale? ....

12 **Scrivi cinque domande di tempo e poi rivolgile al tuo compagno di banco. Scrivi anche le sue risposte.**

DOMANDE

1. ....
2. ....
3. ....
4. ....
5. ....

RISPOSTE

1. ....
2. ....
3. ....
4. ....
5. ....

Facciamo festa!

In Italia festeggiamo alcune ricorrenze civili o religiose. In questi giorni anche le scuole sono chiuse!

13 Abbina le feste alle loro date e alle loro definizioni. Poi forma delle frasi, come nell'esempio.

- Festa della Repubblica — **Il 2 giugno è la festa della Repubblica.**
- Festa della Liberazione ....
- Festa di tutti i Santi ....
- Capodanno ....
- Festa dell'Unità d'Italia ....
- Festa della Madonna Immacolata ....
- Ferragosto (Madonna Assunta) ....
- Festa del Lavoro ....
- Natale ....
- Pasqua ....

- il primo gennaio
- il 17 marzo
- il 25 aprile
- il primo maggio
- ~~il 2 giugno~~
- il 15 agosto
- il 2 novembre
- la prima domenica dopo la luna piena che segue il 21 marzo
- l'8 dicembre
- il 25 dicembre

- festa di tutti i lavoratori
- giorno della nascita di Gesù Cristo
- giorno della resurrezione di Gesù Cristo
- primo giorno dell'anno
- festa di Maria, madre di Gesù, nata senza peccato
- festa di tutti gli uomini buoni che sono in cielo
- giorno della proclamazione del Regno d'Italia
- giorno della liberazione dai Tedeschi alla fine della Seconda guerra mondiale
- festa di Maria, madre di Gesù, salita in cielo
- ~~festa della Repubblica~~

14 Colora con due colori diversi le feste civili (giallo) e le feste religiose (verde) dell'esercizio precedente.

15 Quali sono le feste celebrate nel tuo Paese? Che cosa fate in quei giorni? Racconta ai tuoi compagni.

I numeri civici

I numeri si usano negli indirizzi, per indicare i **CIVICI** degli edifici.

Alla domanda
Dove abiti?
si risponde
***Abito in via Manzoni 19*.**

Sulle lettere l'indirizzo del destinatario si scrive nella parte destra della busta in questo modo:

Gentile Signora
Paola Tanara
Via Mazzini, 8
37122 - VERONA

Il numero civico dell'edificio si scrive dopo il nome della strada e preceduto da una virgola.

16 **Scrivi qui sotto il tuo indirizzo.**

....

I prezzi

I numeri si usano anche per indicare I PREZZI.

Leggi questo dialogo:

– *Quanto costa questa camicia?*
– *Costa dodici euro e novanta centesimi.*
– *E questi pantaloni?*
– *I pantaloni costano quindici euro, ma sono scontati del dieci per cento.*
– *Allora costano tredici euro e cinquanta! I pantaloni hanno un buon prezzo, ma la camicia è cara. Non c'è uno sconto sulla camicia?*
– *No, la camicia è a prezzo pieno.*
– *Va bene, prendo i pantaloni e anche la camicia. Quanto Le devo in tutto?*
– *Il totale è ventisei euro e quaranta centesimi. Ecco a Lei lo scontrino.*

Per chiedere il prezzo di una cosa si dice:

Quanto costa? oppure ***Che prezzo ha?***

Si risponde:

Costa un euro e venti (euro 1.20)

17 **Leggi il prezzo degli indumenti qui sotto.**

Le taglie

In Italia con i numeri si indicano anche le **taglie degli abiti**. Osserva la tabella:

Taglie da donna: 40 (corrisponde a una XS);
42 (corrisponde a una S);
44, 46 (corrispondono a una M);
48, 50 (corrispondono a una L);
52, 54 (corrispondono a una XL).

Taglie da uomo: 46 (corrisponde a una S);
48 (corrisponde a una M);
50, 52 (corrispondono a una L);
54, 56 (corrispondono a una XL).

Che taglia porti? ....

I numeri di telefono

Per chiedere un numero di telefono si dice:

*Qual è il tuo **numero** di telefono?*
*Qual è il Suo **numero** di telefono?* (forma di cortesia)

E si risponde:

*Il **mio numero fisso** è 055-2121892, il **mio numero di cellulare** 349-00021334.*

GiOCa!

Che cosa vuol dire?

Collega queste espressioni con il loro significato.
Vince chi finisce per primo!

Fare due più due	Avere un po' di tempo
Dire una cosa mille (un milione di) volte	Il tempo è passato molto velocemente
Non c'è due senza tre	Ripetere moltissime volte
Avere due minuti	Aspettare con ansia che accada qualcosa
Il tempo è volato	Dedurre qualche cosa
Non vedere l'ora	Quando una cosa accade due volte, sicuramente si ripeterà ancora

UNITÀ 4

Una strada in salita: i verbi

"Una strada in salita"

Che cosa vuol dire?

- ☐ un percorso faticoso
- ☐ un percorso divertente
- ☐ un percorso nuovo

Che giorno è? Scrivi la data di oggi. ....

Test!

Marcus parla del suo orario delle lezioni.
Leggi che cosa dice:

Oggi noi andare a casa alle 13. Ieri invece la scuola finire alle 12. Domani le lezioni terminare alle 16, perché esserci educazione fisica nel pomeriggio.

Marcus conosce molte parole italiane, ma non sa usare i verbi. Prova a riscrivere il testo nella forma corretta.

....

....

....

RICORDA

In italiano i verbi devono essere usati (si dice "coniugati") nella persona, nel tempo e nel modo richiesti dalla frase.

Cominciamo a studiare i tempi più usati dell'INDICATIVO.

Il presente indicativo

Conosci già il presente indicativo dei verbi ESSERE e AVERE. Completa la tabella:

	ESSERE	AVERE
io	....	....
tu	....	....
lui / lei	....	....
noi	....	....
voi	....	....
loro	....	....

C'è - ci sono

In italiano si usano spesso le espressioni ***c'è***, ***ci sono*** per dire che una o più cose esistono o si trovano in un posto:

> ***C'è*** *un libro sul banco.* ***Ci sono*** *dei quaderni dentro lo zaino.*
> *Oggi* ***c'è*** *brutto tempo.* Oggi **c'è** *il sole.*

Come vedi, si usano ***c'è*** con il soggetto SINGOLARE, ***ci sono*** con il soggetto PLURALE.

Le forme negative sono ***non c'è***, ***non ci sono***:

> **Non c'è** *latte in frigo.* **Non ci sono** *mele per fare la torta.*

1 *C'è* o *ci sono*? **Completa le frasi come nell'esempio.**

1. Sulla tavola ...... **ci sono** ...... i bicchieri.
2. Sopra la scrivania .... un lampadario.
3. Dentro l'armadio .... i vestiti.
4. Tra il cassettone e la finestra .... due letti.
5. Davanti al divano .... tre poltrone.
6. Di fronte alla porta d'ingresso............................ un attaccapanni.
7. A destra del termosifone .... un tappeto.
8. A sinistra della mensola .... una libreria.

2 *Non c'è* o *non ci sono*? **Completa le frasi come nell'esempio.**

1. In cucina ...... **non c'è** ...... il frigorifero.
2. Fuori dalla porta .... uno zerbino.
3. Tra le due camere da letto .... un corridoio.
4. Al piano superiore .... bagni.
5. Nel garage .... macchine.
6. In cantina .... finestre.
7. Dietro la casa .... un giardino.
8. Di fronte al soggiorno .... la sala da pranzo.

Nelle frasi degli esercizi **1.** e **2.** sono sottolineate le espressioni di luogo.

PREPOSIZIONI ed ESPRESSIONI DI LUOGO

sopra, su | **in, dentro** | **tra** | **davanti** | **a destra** | **sotto** | **fuori da** | **di fronte a** | **dietro** | **a sinistra**

3 *Che cosa c'è? – Che cosa non c'è?* Scrivi quattro brevi testi con *c'è / ci sono, non c'è / non ci sono* + avverbi o preposizioni di luogo. Segui gli esempi.

– IN QUESTA AULA *ci sono tre carte geografiche a destra della cattedra, c'è una finestra di fronte alla porta, non ci sono computer...*

– NEL TUO ASTUCCIO – NELLA TUA CAMERA – SULLA TAVOLA APPARECCHIATA

UNA COSA IN PIÙ

Che cosa c'è?

Si usa la domanda *"Che cosa c'è?"* con il significato di *"Che cosa vuoi?"* quando qualcuno ci chiama.
Leggi questo esempio.
La mamma è in cucina e chiama sua figlia Olga.

Mamma: *Olga, vieni qui un attimo!* Olga: *Che cosa c'è?*

Si usa questa espressione **solo** quando si parla a una persona che conosciamo bene, come nell'esempio sopra. Invece, se a scuola un professore chiama Olga, lei non deve rispondere *"Che cosa c'è?"*, ma deve rispondere in modo più formale.

Professore: *Olga, puoi venire qui un attimo?* Olga: *Sì, professore, mi dica.*

Il presente indicativo delle tre coniugazioni regolari

Greg racconta che cosa fa nei fine settimana e dice:

*"Mi piace ball**are**, ved**ere** gli amici, dorm**ire** fino a tardi".*

In italiano i verbi possono avere l'infinito in:

-are (**I** coniugazione), ***-ere*** (**II** coniugazione) o ***-ire*** (**III coniugazione**).

Per formare il PRESENTE INDICATIVO delle tre coniugazioni regolari si deve prendere l'infinito del verbo, togliere ***-are***, ***-ere*** o ***-ire*** e aggiungere le desinenze indicate qui sotto:

	I coniugazione (verbi in -are) BALLARE	**II coniugazione (verbi in -ere) VEDERE**	**III coniugazione (verbi in -ire) DORMIRE**
io	ball-**o**	ved-**o**	dorm-**o**
tu	ball-**i**	ved-**i**	dorm-**i**
lui / lei	ball-**a**	ved-**e**	dorm-**e**
noi	ball-**iamo**	ved-**iamo**	dorm-**iamo**
voi	ball-**ate**	ved-**ete**	dorm-**ite**
loro	ball-**ano**	ved-**ono**	dorm-**ono**

4 **Completa con le forme corrette del presente indicativo (I coniugazione regolare).**

Riccardo e Catarina (suonare) .... nell'orchestra della scuola. Thomas (recitare) .... nel gruppo teatrale e Serena (danzare) .... nel gruppo di flamenco. Voi invece (studiare) .... e (ripassare) le lezioni .... tutti i pomeriggi e il martedì (frequentare) .... il corso di inglese. Tu (giocare) .... a scacchi o (cantare) .... nel coro? Io non (partecipare) .... alle attività pomeridiane della scuola ma, quando finisco i compiti, (disegnare) .... a casa mia.

5 **Completa con le forme corrette del presente indicativo (II e III coniugazione regolare).**

1. Io e la mia famiglia (vivere) .... in un piccolo appartamento.
2. I miei fratelli (leggere) .... molto, io invece (scrivere) .... poesie.
3. Tu (partire) .... in treno dalla stazione di Porta Nuova.
4. Marika (mettere) .... a posto la sua camera e aiuta sua madre in cucina.
5. A scuola voi (prendere) .... sempre ottimi voti.

I verbi irregolari in *-ARE*

In italiano le forme di alcuni verbi in ***-are*** sono **irregolari**.

I più importanti sono: **ANDARE**, **DARE**, **STARE**, **FARE**.

io	**vado**	**do**	**sto**	**faccio**
tu	**vai**	**dai**	**stai**	**fai**
lui / lei	**va**	**dà**	**sta**	**fa**
noi	**andiamo**	**diamo**	**stiamo**	**facciamo**
voi	**andate**	**date**	**state**	**fate**
loro	**vanno**	**danno**	**stanno**	**fanno**

6 **Completa le frasi con le forme del presente indicativo.**

1. La mattina Nick (andare) ....**va**.......... a scuola in autobus.
2. Ana e Catalin (stare) .... in un paese vicino a Napoli.
3. Noi (fare) .... sempre la spesa al supermercato di piazza Dante.
4. Laura (dare) .... una mano a sua madre nei lavori di casa.
5. Voi (stare) .... attenti a non farvi male, quando andate in motorino.
6. Stefan (fare) .... bene a tornare a casa, perché è tardi.
7. Come (stare) .... i tuoi genitori?
8. Oggi pomeriggio (andare) .... anche tu al cinema?
9. Purtroppo oggi io (andare) .... a scuola anche dopo pranzo.
10. Questa mattina (fare) .... molto caldo.

ATTENZIONE!

La terza persona singolare del presente indicativo di "*dare*" è scritta con l'accento (***dà***), invece la preposizione (***da***) è scritta senza accento.

7 *Da* o *dà*? Sottolinea nelle frasi le forme corrette, come nell'esempio.

1. Questa sera non c'è niente di pronto <u>*da*</u> / *dà* mangiare; chi mi *da* / *dà* una mano a preparare la cena?
2. Vado *da* / *dà* Giulia a fare i compiti.
3. *Da* / *Dà* domani mi metto a dieta.
4. Il professore di inglese *da* / *dà* un sacco di compiti.
5. Ci sono almeno due kilometri *da* / *dà* casa mia a scuola.
6. Aspetto i miei amici *da* / *dà* un quarto d'ora.
7. La mamma *da* / *dà* sempre dei buoni consigli.
8. Mi *da* / *dà* fastidio che tu sbadigli quando parlo.
9. Dove sono le mie scarpe *da* / *dà* tennis?

8 Impara le espressioni con il verbo FARE elencate sotto. Poi costruisci dieci frasi come queste: *Io faccio la prima superiore. Zeno farà un viaggio in Indonesia questa estate.*

Fare lezione | Fare la spesa | Fare il biglietto | Fare la dieta | Fare una passeggiata
Fare i compiti | Fare il bagno / la doccia | Fare un pisolino | Fare una telefonata
Fare una domanda | Fare silenzio | Fare una fotografia | Fare un viaggio

1. ....
2. ....
3. ....
4. ....
5. ....
6. ....
7. ....
8. ....
9. ....
10. ....

9 Ecco alcuni "modi di dire" con il verbo *fare*. Conosci il loro significato?

Ho da fare ....
Mi do da fare ....
Ho a che fare con ....
Ma chi te lo fa fare? ....
Ma fammi un piacere! ....
Fattene una ragione! ....
Tra il dire e il fare c'è di mezzo il mare. ....

Si usa il verbo STARE per

- **dire dove siamo:**
  *"Io **sto** a Roma"= "Io abito a Roma".*
  *"Noi **stiamo** in casa tutto il pomeriggio" = "Noi restiamo in casa tutto il pomeriggio";*
- **dire come stiamo:**
  *"Come **stai**?" "**Sto** bene, grazie!" = "Come ti senti?" "Mi sento bene, grazie".*

Alla domanda "**Come stai?**" puoi rispondere

Sto benissimo ☺☺☺
Sto bene ☺☺
Sto abbastanza bene ☺
Sto discretamente 😐
Sto così così 😐
Sto piuttosto male ☹
Sto male ☹☹
Sto malissimo ☹☹☹

STO + gerundio

Che cosa *stanno facendo* i ragazzi? Bruno *sta studiando*, Marta invece *sta guardando* la televisione.

Il verbo **STARE + il gerundio** si usa per esprimere un'azione che si svolge nel momento in cui le persone parlano.

Per formare il GERUNDIO bisogna prendere l'infinito del verbo, togliere *-are*, *-ere* o *-ire* e aggiungere ***-ando*** (per la prima coniugazione) o ***-endo*** (per la seconda e la terza coniugazione).

10 Completa la seguente tabella.

Infinito	Gerundio	Stare + gerundio
cant**are**	cant-**ando**	io **sto cantando**, tu **stai cantando**...
baciare	....	....
disegnare	....	....
guardare	....	....
suonare	....	....
andare	....	....
scriv**ere**	scriv-**endo**	io **sto scrivendo**, tu **stai scrivendo**...
leggere	....	....
correre	....	....
vedere	....	....
ridere	....	....
part**ire**	part-**endo**	io **sto partendo**, tu **stai partendo**...
venire	....	....
soffrire	....	....
capire	....	....
pulire	....	....

ATTENZIONE!

Il gerundio di alcuni verbi è irregolare, come:

FARE → facendo   BERE → bevendo   DIRE → dicendo

STO PER + infinito

Omar *sta per uscire* di casa. Io *sto per dire* una cosa importante.

La forma **STO PER + infinito** si usa quando l'azione è sul punto di cominciare.

I verbi irregolari in *-ERE*

Anche alcuni verbi in *-ere* hanno il presente indicativo irregolare.

Vediamo il presente indicativo irregolare dei seguenti verbi in *-ere*:
BERE, SAPERE, RIMANERE, SCEGLIERE, SPEGNERE.

io	**bevo**	**so**	**rimango**	**scelgo**	**spengo**
tu	**bevi**	**sai**	**rimani**	**scegli**	**spegni**
lui / lei	**beve**	**sa**	**rimane**	**sceglie**	**spegne**
noi	**beviamo**	**sappiamo**	**rimaniamo**	**scegliamo**	**spegniamo**
voi	**bevete**	**sapete**	**rimanete**	**scegliete**	**spegnete**
loro	**bevono**	**sanno**	**rimangono**	**scelgono**	**spengono**

11 Scrivi dieci frasi con il presente indicativo dei seguenti verbi appartenenti alla II coniugazione: *tenere*, *scrivere*, *sapere*, *rimanere*, *leggere*, *scrivere*, *togliere*, *mettere*, *vivere*, *vedere*.
ATTENZIONE! Alcuni hanno il presente indicativo irregolare.

1. **Vedo i nonni tutte le domeniche.**
2. ....
3. ....
4. ....
5. ....
6. ....
7. ....
8. ....
9. ....
10. ....

Anche il verbo **PIACERE** ha il presente indicativo irregolare:

IO	**PIACCIO**
TU	**PIACI**
LUI/LEI	**PIACE**
NOI	**PIACCIAMO (PIACIAMO)**
VOI	**PIACETE**
LORO	**PIACCIONO**

12 Completa le frasi con il presente indicativo del verbo PIACERE.

1. Voi **piacete** a tutti, perché siete gentili e simpatici.
2. Emma .... a Michele.
3. I gelati .... ai bambini.
4. Tu .... ai miei genitori.

Che cosa ti piace? Ti piace?

Il verbo **PIACERE** spesso si usa con i pronomi complemento, per dire che cosa ci piace o non ci piace.

Leggi il dialogo tra Alicia e Klevi:

K. *Che cosa ti piace fare il sabato sera? Ti piace uscire o stare a casa?*
M. *Non mi piace uscire, preferisco stare a casa. E a te che cosa piace fare?*
K. *A me piace uscire. Mi piacciono molto le feste e andare a ballare.*

A me piace / piacciono A me non piace / non piacciono.
A te piace
A lui / lei piace
A noi piace
A voi piace
A loro piace

a me = MI
a te = TI
a lui = GLI, a lei = LE
a noi = CI
a voi = VI
a loro = (GLI) si può usare quando parliamo, NON quando scriviamo

ATTENZIONE!

È scorretto dire "*A me mi piace*", "*A te ti piace*".
Si deve dire: "***A me** piace*", "***A te** piace.*"

I verbi irregolari in *-IRE*

Anche alcuni verbi in *-ire* hanno il presente indicativo irregolare.

Impara il presente indicativo irregolare di questi verbi in *-ire*: **DIRE**, **VENIRE**, **SALIRE**, **USCIRE**.

io	**dico**	**vengo**	**salgo**	**esco**
tu	**dici**	**vieni**	**sali**	**esci**
lui / lei	**dice**	**viene**	**sale**	**esce**
noi	**diciamo**	**veniamo**	**saliamo**	**usciamo**
voi	**dite**	**venite**	**salite**	**uscite**
loro	**dicono**	**vengono**	**salgono**	**escono**

13 Completa queste frasi con il presente indicativo dei verbi indicati.

1. Questa sera (noi / uscire) **usciamo** con i nostri amici. (Venire) .... anche tu?
2. Paul (dire) .... sempre la verità. Franco e Fabio invece (dire) .... spesso delle bugie.
3. Io (salire) .... un attimo a casa; tu (salire) .... con me?
4. Quando (tu / uscire) .... di casa, non devi sbattere la porta.
5. Cosa (voi / dire) ....? (Noi / venire) .... a casa vostra domenica sera?

14 **Completa la coniugazione di questi verbi con il presente indicativo particolare (presente in -isco). Se hai dubbi, cerca sul vocabolario.**

CAPIRE **io capisco** ....
COSTRUIRE ....
FINIRE **io finisco** ....
PULIRE ....
SPEDIRE ....

Anche il verbo **PREFERIRE** ha il presente indicativo particolare:

IO	**PREFERISCO**
TU	**PREFERISCI**
LUI/LEI	**PREFERISCE**
NOI	**PREFERIAMO**
VOI	**PREFERITE**
LORO	**PREFERISCONO**

Spesso si domanda: **Che cosa preferisci?**

ATTENZIONE!

La forma negativa non esiste. **Non** si dice "Che cosa non preferisci?" o "Non preferisco la birra", ma si usa il verbo **PIACERE** (vedi a pagina **48**) e diciamo "Che cosa non ti piace?", "Non mi piace la birra".

15 **Sottolinea la forma corretta del verbo.**

A me *piace / piacciono* i bomboloni con la crema. Olga *preferisci / preferisce* la crostata di frutta. A Ester e a Lina *piace / preferisce* la frutta. E a te cosa *piace / piacciono* mangiare a merenda? *Preferisci / preferite* il dolce o il salato?

16 **Spiega ai tuoi compagni quali cibi preferisci e quali non ti piacciono. Prima di cominciare tutta la classe deve completare la seguente tabella con i nomi dei vari tipi di cibi.**

ANTIPASTI: ....

....

PRIMI: **pasta, gnocchi, pasticcio di lasagne, risotto, minestra, tortellini** ....

....

CONTORNI: ....

....

DOLCI: ....

....

BEVANDE: ....

....

ALTRI CIBI: ....

....

17 Descrivi il tuo ragazzo / la tua ragazza ideale, usando i verbi *mi piace / non mi piace* e *preferisco*.

....

I verbi servili: dovere, potere, volere, sapere

I verbi servili si usano con un verbo all'infinito, per dare a questo verbo un significato particolare:

Voglio mangiare una pizza. = **ho la volontà** di mangiare una pizza
So suonare la chitarra. = **sono capace di** suonare la chitarra

Impara il presente indicativo dei verbi **DOVERE**, **POTERE**, **VOLERE**, **SAPERE**.

io	**devo**	**posso**	**voglio**	**so**
tu	**devi**	**puoi**	**vuoi**	**sai**
lui / lei	**deve**	**può**	**vuole**	**sa**
noi	**dobbiamo**	**possiamo**	**vogliamo**	**sappiamo**
voi	**dovete**	**potete**	**volete**	**sapete**
loro	**devono**	**possono**	**vogliono**	**sanno**

18 Completa le frasi con il verbo servile corretto.

1. Maria (volere) ....**vuole**.... dimagrire.
2. Il sabato sera noi (dovere) .... rientrare a casa a mezzanotte.
3. Gianni (potere) .... aiutarti a studiare matematica.
4. Vittoria e Sofia (sapere) .... parlare lo spagnolo.
5. (Tu - potere) .... andare a fare la spesa al supermercato?
6. Questa sera (io - volere) .... vedere l'ultima puntata del telefilm.
7. Se (tu - volere) .... aiutare tua madre, (tu - potere) .... apparecchiare la tavola.
8. I tuoi amici (potere) .... venire a casa nostra quando vogliono.

19 Completa le frasi con un verbo all'infinito e un complemento.

Con 1.000 euro posso **comperare un motorino usato.**
....
....

Con una automobile puoi ....
....
....

Con .... potete ....
....
....

20 Collega le frasi della colonna A con le frasi della colonna B.

A	B
Voglio risparmiare	per fare la torta.
Devi studiare di più	se vuoi avere la media dell'otto.
Possiamo andare a Roma	perché Carolina ci ospita a casa sua.
Dobbiamo comperare le mele	per comperare un anello a Rosa.

UNA COSA IN PIÙ

ATTENZIONE! I verbi DOVERE, POTERE, VOLERE, SAPERE possono essere usati anche da soli.

1. *Io **so l'arabo**.*
2. *Voi **sapete la risposta** a questa domanda.*

Nelle frasi 1. e 2. il verbo SAPERE è usato da solo e vuole dire "conoscere".

3. *Io **so ballare** la salsa.*
4. *Noi **sappiamo giocare** a pallavolo.*

Invece nelle frasi 3. e 4. il verbo SAPERE è seguito dall'infinito di un altro verbo e vuole dire "essere capace di...".

Il verbo SAPERE si usa anche **per fare delle domande** come:

Sai dirmi dove c'è una cartoleria?
Sapete quando abbiamo il compito di matematica?
Scusi professore, sa se domani usciamo un'ora prima?

PROGETTA IL TUO VIAGGIO!

Usa la cartina dell'Italia per progettare un viaggio. Scegli quattro o cinque città e poi scrivi il tuo itinerario, come nell'esempio:

Parto da Verona in treno, attraverso la Lombardia e arrivo a Genova; riparto da Genova in traghetto e mi fermo a Livorno per qualche giorno...

Puoi usare queste parole:

VERBI DI STATO E DI MOVIMENTO

Che cosa fai?

Verbi: *essere, trovarsi, andare, venire, partire, arrivare, attraversare (passare per), fermarsi.*

MEZZI DI TRASPORTO

Come ti sposti?

a piedi	*in aereo*
di corsa	*in treno*
in auto / in macchina	*in autobus*
in bicicletta	*in pullman*
in motorino	*in traghetto*
in moto	*in nave*

Le preposizioni di luogo

Dove sei? (stato in luogo)

a = Sono *a* Palermo, sono *a* scuola, sono *al* (= a + il) cinema,
in = sono *in* città, sono *in* Italia, abito *nel* (= in + il) centro di Bari

Dove vai? (moto a luogo)

a = Vado *a* Milano, vado *a* scuola, vado *al* cinema
in = Vado *in* città, vado *in* Francia, vado *in* centro
verso, **in direzione di** = vado verso la spiaggia, vado in direzione di Torino
per (con i verbi **partire**, **imbarcarsi**) = parto per la Tunisia, mi imbarco per la Sardegna

ATTENZIONE!

A o IN?

Di solito si usa ***a*** con i nomi
- di città (mi trovo *a* Torino, arrivo *a* Parigi)
- di piccola isola (sono *a* Ponza, vado *all'* (= a + la) Isola d'Elba);

si usa ***in*** con i nomi
- di continente (vivo *in* America, vado *in* Australia)
- di nazione (abito *in* Svezia, vado *in* Perù)
- di regione (abito *in* Lombardia, vado *in* Calabria)
- di grande isola (sono *in* Sardegna, vado *in* Sicilia)
- di luogo femminili in -ia (mangio *in* trattoria, vado *in* pizzeria)

Da dove vieni? (moto da luogo)

da = vengo *da* Cagliari, vengo *dal* (= da + il) Marocco

UNA COSA IN PIÙ

Si usa la preposizione **DA** anche con il significato di "a casa di".

- *Cosa facciamo questa sera? -Volete venire* ***da me****?* (= a casa mia)
- *Dove sei? - Sono* ***da Andrei*** (= a casa di Andrei)

Impara anche l'espressione *"Uscire* ***di*** *casa": Per andare a scuola esco* ***di casa*** *alle 7.35.*

I verbi riflessivi

In italiano alcuni verbi possono essere usati in due modi: da soli o con il pronome riflessivo.

La mamma ***pettina*** *Camilla.* *Camilla* ***si pettina****.*

Nella prima frase il verbo non è riflessivo, perché chi fa l'azione (= il soggetto, *la mamma*) e chi riceve l'azione (= il complemento oggetto, *Camilla*) non sono la stessa persona.

Nella seconda frase il verbo è riflessivo, perché il soggetto fa l'azione e anche la riceve (*Camilla* ***si*** *pettina* = *Camilla pettina* ***Camilla***).

Per fare la forma riflessiva si usano i pronomi complemento oggetto (***mi***, ***ti***, ***si***, ***ci***, ***vi***, ***si***); questi vanno prima del verbo (***mi*** *lavo*, ***si*** *lavano)* ma lo seguono all'infinito (dobbiamo *lavar**ci***) e all'imperativo (*lava**ti***!, *lavate**vi***!).

ATTENZIONE!

Nei tempi composti i verbi riflessivi vogliono sempre il verbo ***essere*** (*mi* ***sono*** *lavato*, *vi* ***siete*** *lavati*).

Nei verbi riflessivi l'azione può cadere sul soggetto (*Luca* ***si*** *lava*), su una parte del soggetto (*Luca* ***si*** *lava* ***le mani***), oppure può riguardare due soggetti che si scambiano l'azione (*Luca e Marta* ***si abbracciano***).

21 Completa queste frasi con le forme corrette dei verbi riflessivi.

1. Rosa e Milan (*amarsi*) **si amano** da molti anni.
2. Jenny è vanitosa perché (*pettinarsi*) .... sempre molto.
3. Questa sera (*truccarsi*) .... con cura, perché esco con un ragazzo che mi piace.
4. Domani dobbiamo (*vestirsi*) .... con la tuta, perché andiamo in palestra.

Alcuni verbi, invece, non sono mai usati da soli, ma sono sempre accompagnati dal pronome (esempio: ***arrabbiarsi***, *arrabbiare* ***NON ESISTE***) e per questo si chiamano VERBI MEDI (o pronominali).

22 Completa queste frasi con le forme corrette dei verbi pronominali.

1. Durante le lezioni di italiano Damian (*annoiarsi*) **si annoia** .
2. Noi (*vergognarsi*) .... per la brutta figura.
3. Se non vi mettete una giacca, voi (*ammalarsi*) .... di sicuro.
4. Gli alunni (*ribellarsi*) .... perché non vogliono fare due compiti in classe lo stesso giorno.
5. Asia e Gloria devono (*pentirsi*) .... se vogliono il mio perdono.

23 Trasforma queste frasi dal singolare al plurale o dal plurale al singolare. Segui l'esempio.

1. **Ci prepariamo** per l'interrogazione di scienze. **Mi preparo per l'interrogazione di scienze.**
2. Non **ti vergogni** per la tua brutta figura? ....
3. Loro **si ricordano** tutte le date. ....
4. **Vi annoiate** a scuola? ....
5. Lei **si lamenta** per i troppi compiti. ....
6. **Mi concentro** sul problema. ....

24 I verbi sottolineati non sono corretti. Riscrivi il testo senza errori.

Oggi sveglio presto perché vado in gita con la mia classe e devo essere a scuola prima del solito. Quando facciamo delle uscite divertiamo un sacco, ma stanchiamo molto e torniamo a casa distrutti.

....

....

25 Racconta che cosa fai la mattina da quando ti svegli a quando esci di casa. Puoi usare i seguenti verbi riflessivi: *svegliarsi*, *alzarsi*, *lavarsi*, *asciugarsi*, *pettinarsi*, *truccarsi*, *vestirsi*, *prepararsi*.

....

....

26 Scrivi cinque frasi con questi verbi: *preoccuparsi*, *rilassarsi*, *fermarsi*, *esprimersi*, *divertirsi*. Esempio: La domenica *ci rilassiamo* a casa e vediamo gli amici.

1. ....
2. ....
3. ....
4. ....
5. ....

Come ti chiami?

Nelle presentazioni si usa spesso il verbo riflessivo **CHIAMARSI**.

Leggi questo dialogo.

– *Mi chiamo Giovanna Fontana. E tu come ti chiami?*
– *Io mi chiamo Egor Astakov.*

Ecco il presente indicativo del verbo CHIAMARSI:

IO	**MI CHIAMO**
TU	**TI CHIAMI**
LUI/LEI	**SI CHIAMA**
NOI	**CI CHIAMIAMO**
VOI	**VI CHIAMATE**
LORO	**SI CHIAMANO**

27 **Forma sei frasi collegando le parole della colonna A con le parole delle colonne B e C.**

A	B	C
Tu	vi chiamate	Gantz.
Io	si chiamano	come mio fratello.
Noi	mi chiamo	Martin.
La tua fidanzata	ti chiami	Sarah e Miriam.
Voi	ci chiamiamo	Parisi.
I nostri vicini	si chiama	Cristina.

....
....
....
....
....
....

UNA COSA IN PIÙ

Per presentare qualcuno (per esempio, Marco) a un'altra persona (per esempio, Alessandro) di solito si dice:

*Alessandro, **ti presento** Marco.* oppure *Alessandro, **questo è** Marco.*

ATTENZIONE! In italiano la persona che viene presentata ha la funzione logica di complemento oggetto:
Io (soggetto) *ti* (= a te, complemento di termine) *presento* (predicato verbale) *Marco* (complemento oggetto).
Invece nella frase *Io ti presento a Marco, ti* (= te) è complemento oggetto, *a Marco* è complemento di termine.

Il passato prossimo e l'imperfetto

Il passato prossimo e l'imperfetto indicano situazioni che sono accadute nel passato.

1. *Oggi Elena indossa un abito elegante: va alla festa di compleanno di Roger.*
2. *Ieri Elena **indossava** un abito elegante: **è andata** alla festa di compleanno di Roger.*

La frase 1. ha i verbi al presente (*indossa*, *va*); la frase 2. ha i verbi al passato (***indossava***, ***è andata***).
"**Indossava**" è IMPERFETTO, "**è andata**" è PASSATO PROSSIMO.

Quando si usa l'IMPERFETTO?

In italiano si usa l'IMPERFETTO:

– per descrivere le caratteristiche di persone, animali, cose, luoghi nel passato:
  *La mia casa di Roma **era** piccola ma comoda: **aveva** un soggiorno, due camere da letto e un bagno.*

– per raccontare azioni abituali nel passato:
  *L'anno scorso **frequentavo** le Medie, **andavo** a scuola a piedi e **mangiavo** alla mensa; di solito **tornavo** a casa alle quattro del pomeriggio.*

Per formare l'IMPERFETTO bisogna prendere l'infinito del verbo, togliere *-are*, *-ere* o *-ire* e aggiungere le desinenze evidenziate qui sotto:

	I coniugazione (verbi in -are) PARLARE	II coniugazione (verbi in -ere) LEGGERE	III coniugazione (verbi in -ire) DORMIRE
io	parl**avo**	legg**evo**	dorm**ivo**
tu	parl**avi**	legg**evi**	dorm**ivi**
lui / lei	parl**ava**	legg**eva**	dorm**iva**
noi	parl**avamo**	legg**evamo**	dorm**ivamo**
voi	parl**avate**	legg**evate**	dorm**ivate**
loro	parl**avano**	legg**evano**	dorm**ivano**

28 Trasforma al tempo imperfetto il presente di questi verbi.

Infinito	Presente	Imperfetto
PARTIRE	io parto	**io partivo**
MANGIARE	noi mangiamo	....
AVERE	tu hai	....
CORRERE	voi correte	....
PIEGARE	loro piegano	....
SOFFIARE	lei soffia	....
CERCARE	tu cerchi	....
TROVARE	noi troviamo	....
RIDERE	io rido	....

Alcuni verbi hanno l'imperfetto **irregolare**. Impara a memoria l'imperfetto irregolare dei seguenti verbi.

	ESSERE	FARE	BERE	DIRE
io	**ero**	**facevo**	**bevevo**	**dicevo**
tu	**eri**	**facevi**	**bevevi**	**dicevi**
lui / lei	**era**	**faceva**	**beveva**	**diceva**
noi	**eravamo**	**facevamo**	**bevevamo**	**dicevamo**
voi	**eravate**	**facevate**	**bevevate**	**dicevate**
loro	**erano**	**facevano**	**bevevano**	**dicevano**

29 **Racconta al tuo compagno di banco che cosa facevi nel tempo libero quando eri piccolo. Usa i verbi all'imperfetto.**

Quando si usa il PASSATO PROSSIMO?

In Italiano si usa il PASSATO PROSSIMO:

- per indicare un fatto avvenuto da poco:
  *Ieri sera Lucia **è andata** al ristorante e **ha mangiato** linguine con il pesto, Roberto invece **è rimasto** a casa e **ha guardato** la televisione.*
- per indicare un fatto avvenuto anche da molto tempo, ma che ha ancora conseguenze nel presente:
  *Da bambina Diana era molto distratta, ma poi **ha imparato** a concentrarsi.*

Il passato prossimo è composto dal presente indicativo di ***essere*** o ***avere*** + il participio passato del verbo (**è + andata, ha + mangiato**).

Per formare il PARTICIPIO PASSATO bisogna prendere l'infinito del verbo, togliere *-are*, *-ere* o *-ire* e aggiungere le seguenti desinenze:

verbi in ***-are*** (*mangiare, studiare, parlare*)	**-ato** *mangi**ato**, studi**ato**, parl**ato***
verbi in ***-ere*** (*sapere, credere, avere*)	**-uto** *sap**uto**, cred**uto**, av**uto***
verbi in ***-ire*** (*partire, sentire, dormire*)	**-ito** *part**ito**, sent**ito**, dorm**ito***

ATTENZIONE!

Molti verbi italiani hanno il participio passato irregolare.

30 **Completa la tabella con il participio passato irregolare e il passato prossimo di questi verbi. (Se hai dei dubbi, puoi controllare sul vocabolario.)**

Infinito	Participio	Passato prossimo
FARE	fatto	ho fatto
APRIRE	......	......
BERE	......	......
CHIEDERE	......	......
DIRE	......	......
LEGGERE	......	......
METTERE	......	......
PRENDERE	......	......
RISPONDERE	......	......
SCRIVERE	......	......
VEDERE	......	......
VIVERE	......	......

31 **Completa le frasi con il participio passato, come nell'esempio. Attenzione! Alcuni verbi hanno il participio passato irregolare.**

1. Ho (*credere*) **creduto** alle tue parole, ma tu mi hai (*dire*) **detto** una bugia.
2. Franco ha (*regalare*) .... a Tatiana un paio di orecchini. Li ha (*comperare*) .... in una gioielleria del centro.
3. Ieri pomeriggio ho (*correre*) .... con la mia amica Alba lungo il fiume.
4. Nik e Isac hanno (*spendere*) .... tutti i loro risparmi per andare in vacanza.
5. – Hai (*vincere*) .... la partita? – No, abbiamo (*perdere*) .... tre a due.
6. Avete (*rompere*) .... voi il vetro della finestra?
7. Il ragazzo di Eliana è (*partire*) .... ieri per la Turchia.
8. I miei genitori hanno (*decidere*) .... di regalarmi il motorino!
9. Olga ha (*offrire*) .... ai suoi compagni di scuola una torta che ha (*fare*) .... lei. Ha (*seguire*) .... una ricetta che ha (*trovare*) .... su un vecchio libro di cucina.
10. – Hai (*spegnere*) .... la luce di camera tua? – Sì, ma ho (*accendere*) .... il computer, perché devo fare una ricerca.
11. Una ditta giapponese ha (*produrre*) .... un nuovo e-reader; Marco lo ha (*regalare*) .... a suo fratello per il compleanno.

Il passato prossimo di *ESSERE* e *AVERE*

Il participio passato del verbo ESSERE è **STATO**,

Il participio passato del verbo AVERE è **AVUTO**.

32 **Completa questa tabella con il passato prossimo dei verbi *ESSERE*, *AVERE*.**

io	**sono** stat**o** / stat**a**	**ho** avuto
tu	.... stat**o** / stat**a**	.... avuto
lui / lei	....	.... avuto
noi	.... stat**i** / stat**e**	.... avuto
voi	....	....
loro	....	....

ATTENZIONE!

Con il verbo *essere* il participio passato concorda con il soggetto: può essere maschile singolare (***stato***), femminile singolare (***stata***), maschile plurale (***stati***) o femminile plurale (***state***).
Con il verbo *avere* il participio passato è sempre al maschile singolare (***avuto***).

Participio passato con *ESSERE* o con *AVERE*?

Di solito il passato prossimo di un verbo si forma:

– con AVERE quando il verbo è transitivo (= può essere seguito da un complemento oggetto):

*Georg **ha** mangiato una mela.*
*Noi **abbiamo** ascoltato una canzone.*
*Voi **avete** visto un bel film.*

– con ESSERE quando il verbo è intransitivo (= non può essere seguito da un complemento oggetto) o quando il verbo è riflessivo:

*Tu **sei** andato a Parigi. Anna **si è** sposata ieri.*

ATTENZIONE!

Quando si usa il verbo **ESSERE**, bisogna **concordare il participio passato con il soggetto**:

Luis (maschile singolare) ***è*** *partit****o*** *per un lungo viaggio.*
Lucia (femminile singolare) ***è*** *partit****a*** *per le vacanze.*
I miei amici (maschile plurale) ***sono*** *partit****i*** *sabato scorso.*
Le mie amiche (femminile plurale) ***sono*** *partit****e*** *con il treno.*

33 **Trasforma le seguenti frasi al passato prossimo (i verbi sono transitivi, devi usare *AVERE*).**

1. Ada canta una bella canzone — Ieri Ada **ha cantato** una bella canzone.
2. Invitiamo i nonni al ristorante. — Ieri .... i nonni al ristorante.
3. Preparate la tavola. — Ieri .... la tavola.
5. Matilde cuce una camicia per suo marito. — Ieri Matilde .... una camicia per suo marito.
5. Non capisco niente. — Ieri non .... niente.
6. Leo costruisce una casetta per il suo fratellino. — Ieri Leo .... una casetta per il suo fratellino.

34 **Trasforma le seguenti frasi al passato prossimo (i verbi sono intransitivi o riflessivi, devi usare *ESSERE*). Ricorda di concordare il participio con il soggetto.**

1. Carola va al mare. — Ieri Carola **è andata** al mare.
2. Tu arrivi a scuola in ritardo. — Ieri tu .... a scuola in ritardo.
3. Noi partiamo per le vacanze. — Ieri noi .... per le vacanze.
4. Lucia rimane a casa tutto il pomeriggio. — Ieri Lucia .... a casa tutto il pomeriggio.
5. Uscite con i vostri amici? — Ieri .... con i vostri amici?
6. Passiamo a trovare la nonna. — Ieri .... a trovare la nonna.

35 **Volgi le seguenti frasi dal singolare al plurale o dal plurale al singolare.**

1. Io ho guardato la televisione tutto il pomeriggio.
Noi abbiamo guardato la televisione tutto il pomeriggio.

2. Tu sei stato in collegio per tre anni.
Voi ....

3. Marco ha bevuto una cioccolata calda.
Marco e Lucio ....

4. Giovedì sera voi siete andate al cinema.
....

5. I miei amici hanno organizzato una festa a sorpresa in mio onore.
....

6. Giuditta ha dimenticato la giacca a casa mia.
Giuditta e Agnes ....

36 **Completa il testo con i verbi al passato prossimo.**

Domenica scorsa noi (*essere*) **siamo stati** a Firenze e (*visitare*) .... la galleria degli Uffizi. Poi (*andare*) .... a pranzo in un ristorante vicino a piazza della Signoria. (*Mangiare*) .... la ribollita, un tipico piatto toscano. Nel pomeriggio (*salire*) .... a piazzale Michelangelo e, da lì, (*arrivare*) .... alla chiesa di San Miniato al Monte.

37 **Riscrivi il testo dell'esercizio precedente cambiando il soggetto e i verbi.**

Domenica scorsa Mara e Cristina *sono state* a Firenze e ....

....

....

....

38 **Racconta ai tuoi compagni che cosa hai fatto domenica scorsa. Usa i verbi al passato prossimo.**

....

....

....

....

CANTA!

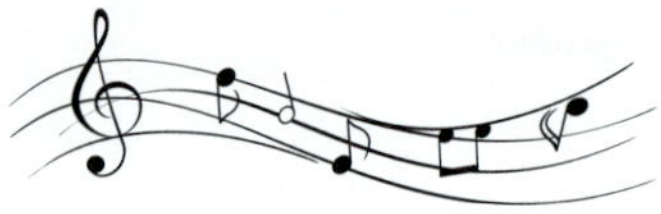

In questa canzone il cantautore Gino Paoli parla del passato, quando non era ricco e stava in una casa piccola. Ora abita in una casa bellissima, ma rimpiange quel tempo lontano.

LA GATTA

C'era una volta una gatta
che aveva una macchia nera
sul muso e una vecchia
soffitta vicino al mare
con una finestra
a un passo dal cielo blu.
Se la chitarra suonavo,
la gatta faceva le fusa
ed una stellina
scendeva vicina vicina
poi mi sorrideva
e se ne tornava su.
Ora non abito più là,
ho una casa bellissima,
bellissima come vuoi tu.
Ma io ripenso a una gatta
che aveva una macchia nera
sul muso, a una vecchia
soffitta vicino al mare
con una stellina
che ora non vedo più.

Sottolinea nel testo tutti i verbi all'imperfetto e scrivili qui:

....

....

La canzone comincia con "***C'era una volta...***" Così cominciano tutte le favole.

Racconta ai tuoi compagni una favola del tuo Paese. Comincia con "*C'era una volta...*"e usa i verbi all'imperfetto.

Il futuro

Il futuro si usa per indicare un fatto che deve ancora accadere.

*Domenica prossima Pietro **giocherà** la prima partita di campionato, poi **uscirà** a mangiare la pizza con i suoi compagni di squadra.*

RICORDA

Nell'italiano parlato si può usare il presente indicativo al posto del futuro, quando il fatto di cui si parla avverrà dopo poco tempo. Per esempio, si dice *"Domani **andrò** a mangiare da Micol"*, ma si può anche dire *"Domani **vado** a mangiare da Micol"*.

Per formare il futuro semplice bisogna prendere l'infinito del verbo, togliere *-are*, *-ere* o *-ire* e aggiungere le desinenze evidenziate qui sotto:

	I coniugazione (verbi in -are) PARLARE	II coniugazione (verbi in -ere) LEGGERE	III coniugazione (verbi in -ire) DORMIRE
io	parl**erò**	legg**erò**	dorm**irò**
tu	parl**erai**	legg**erai**	dorm**irai**
lui / lei	parl**erà**	legg**erà**	dorm**irà**
noi	parl**eremo**	legg**eremo**	dorm**iremo**
voi	parl**erete**	legg**erete**	dorm**irete**
loro	parl**eranno**	legg**eranno**	dorm**iranno**

Alcuni verbi hanno il futuro **irregolare**. Impara il futuro irregolare dei seguenti verbi.

	ESSERE	AVERE	FARE	STARE	DARE	DIRE
io	**sarò**	**avrò**	**farò**	**starò**	**darò**	**dirò**
tu	**sarai**	**avrai**	**farai**	**starai**	**darai**	**dirai**
lui / lei	**sarà**	**avrà**	**farà**	**starà**	**darà**	**dirà**
noi	**saremo**	**avremo**	**faremo**	**staremo**	**daremo**	**diremo**
voi	**sarete**	**avrete**	**farete**	**starete**	**darete**	**direte**
loro	**saranno**	**avranno**	**faranno**	**staranno**	**daranno**	**diranno**

Anche i seguenti verbi hanno un futuro particolare.
Completa le coniugazioni. Se hai dei dubbi cerca sul vocabolario.

– I verbi in ***-care*** e ***-gare*** aggiungono una ***-h-***:

pa**gare** **io pagherò, tu pagherai** ....
cer**care** **io cercherò,** ....

– Questi verbi hanno il futuro con ***-rr-***:

bere **io berrò,** ....
rimanere ....
venire ....
volere ....
tenere ....

– Questi verbi non hanno la ***-e***:

andare **io andrò,** ....
vedere **io vedrò,** ....
vivere ....
cadere ....
dovere ....
potere ....
sapere ....

39 Completa con i verbi al futuro, come nell'esempio.

Domani noi (*andare*) **andremo** alla festa campestre di Ferragosto. (*Partire*) .... verso le 7, così (*essere*) .... lì presto e (*trovare*) .... posto ai tavoli prima che arrivi tanta gente. Ci (*essere*) .... molte buone cose da mangiare: noi (*bere*) .... vino o birra e (*potere*) .... gustare i piatti tipici della zona. Poi chi (*volere*) .... (*potere*) .... anche ballare.

40 Completa con i verbi al futuro, come nell'esempio.

La prossima estate (*partire*) **partirò** per Londra, dove (*stare*) .... tutta l'estate. Durante il giorno (*lavorare*) .... in un pub, ma nel tempo libero (*potere*) .... fare tutto quello che (*volere*) ....: (*andare*) .... in giro per le strade del centro, (*visitare*) .... i musei e i monumenti, (*assistere*) .... a qualche spettacolo teatrale, (*vedere*) .... dei film al cinema. Insomma, (*vivere*) .... alla grande!

41 Completa con i verbi al futuro, come nell'esempio.

Fra un mese, se la prova pratica (*andare*) **andrà** bene, Pietro (*avere*) .... la patente del motorino. Allora la sua vita (*cambiare*) .... (*Svegliarsi*) .... più tardi e non (*dovere*) .... più prendere l'autobus per andare a scuola.

42 Riscrivi, sul quaderno, il seguente testo con i verbi al futuro.

Emil <u>si sveglia</u> alle 5 e <u>prepara</u> l'attrezzatura per una gita in bicicletta con i suoi amici. <u>Prende</u> lo zaino e ci <u>mette</u> dentro la borraccia, la giacca impermeabile e la cartina geografica con l'itinerario. <u>Infila</u> anche dei biscotti e della frutta secca. Alle 5.30 <u>esce</u> di casa e dopo 5 minuti <u>è</u> in piazza, dove <u>incontra</u> Zoe e Zeno. I tre ragazzi <u>partono</u> e <u>si dirigono</u> verso il fiume, dove <u>comincia</u> il loro percorso. <u>Seguono</u> il corso d'acqua fino a un boschetto e lì <u>si fermano</u>, <u>bevono</u> e <u>mangiano</u> qualcosa. Poi <u>salgono</u> di nuovo in sella e <u>pedalano</u> fino al laghetto. <u>Hanno</u> caldo e <u>decidono</u> di fare il bagno. L'acqua <u>è</u> freschissima! Verso le 4 <u>decidono</u> di tornare verso casa.

Emil *si sveglierà* alle 5 ... .

43 Completa le seguenti frasi con le forme del passato prossimo, del presente e del futuro.

1. Ieri **ho mangiato** gli spaghetti al pomodoro, oggi **mangio** le lasagne, domani **mangerò** un risotto.
2. Due giorni fa Anton (*andare*) .... a correre, ora (*essere*) .... in palestra, oggi pomeriggio (*nuotare*) .... in piscina.
3. L'anno scorso Simon e Hans (*passare*) .... le vacanze in Sicilia, quest'anno (*stare*) .... a casa, ma l'anno prossimo (*partire*) .... per un lungo viaggio negli Stati Uniti.
4. Tanto tempo fa questo posto (*essere*) .... disabitato, oggi (*essere*) .... un grande centro commerciale, fra cento anni cosa (*essere*) ....?

44 Racconta che cosa farai il prossimo giorno di vacanza. Usa i verbi al futuro!

CANTA!

Il testo e la musica di questa canzone sono di Lucio Dalla.

L'ANNO CHE VERRA'

Caro amico ti scrivo, così mi distraggo un po'
e siccome sei molto lontano più forte ti scriverò;
da quando sei partito c'è una grossa novità:
l'anno vecchio è finito ormai ma qualcosa ancora qui non va.
Si esce poco la sera, compreso quando è festa
e c'è chi ha messo dei sacchi di sabbia vicino alla finestra;
e si sta senza parlare per intere settimane
e a quelli che hanno niente da dire del tempo ne rimane.
Ma la televisione ha detto che il nuovo anno
porterà una trasformazione e tutti quanti stanno già aspettando:
sarà tre volte Natale e festa tutto il giorno,
ogni Cristo scenderà dalla croce, anche gli uccelli faranno ritorno.
Ci sarà da mangiare e luce tutto l'anno,
anche i muti potranno parlare mentre i sordi già lo fanno.
E si farà l'amore, ognuno come gli va,
anche i preti potranno sposarsi, ma soltanto a una certa età.
E senza grandi disturbi qualcuno sparirà,
saranno forse i troppo furbi e i cretini di ogni età.
Vedi caro amico cosa ti scrivo e ti dico
e come sono contento di essere qui in questo momento,
vedi, vedi, vedi, vedi, vedi caro amico
cosa si deve inventare
per poter riderci sopra, per continuare a sperare.
E se quest'anno poi passasse in un istante,
vedi amico mio come diventa importante
che in questo istante ci sia anch'io.
L'anno che sta arrivando tra un anno passerà
io mi sto preparando è questa la novità.

Sottolinea nel testo e trascrivi qui sotto i verbi al futuro contenuti nella canzone:

Nella canzone ci sono anche tre esempi di verbo STARE + gerundio:

Scrivi anche tu una breve lettera.
Ricorda di cominciare e di finire la lettera con le **formule di apertura** e **di chiusura** adatte al destinatario:
A UN AMICO:
Caro* / *Cara + il nome del destinatario, [testo della lettera]
Ciao!* / *Ti saluto!* / *A presto!

A UN ADULTO A CUI SI DÀ DEL LEI:
Gentile Signora* / *Egregio signore + il nome della / del destinataria / o, [testo della lettera]
Cordiali saluti. Distinti saluti.

Concludi la lettera con la tua **firma** (prima il nome e poi il cognome).

UNITÀ 5

Precipitevolissimevolmente: gli avverbi

"Precipitevolissimevolmente"
(è la parola più lunga del vocabolario italiano!)

Che cosa vuol dire?

☐ con molta confusione
☐ a fatica
☐ con grande fretta e slancio

Che giorno è? Scrivi la data di oggi. ....

Test!

Paula racconta a Luca cosa fa di solito nel pomeriggio.

Alle due io sempre guardo alla televisione il mio programma preferito. Mai comincio a fare i compiti dopo mangiato, perché sono stanca. Verso le tre viene Marika spesso a casa mia e cominciamo allora a studiare. Quando abbiamo abbastanza lavorato facciamo merenda e un poco ci riposiamo.

Le parole sottolineate nel testo sono avverbi di tempo (*sempre, mai, spesso, allora*) e avverbi di quantità (*abbastanza, un poco*). Paula conosce il loro significato, ma sbaglia la loro posizione nella frase. Correggi gli errori e riscrivi il testo.

....
....
....

RICORDA

Gli **avverbi** sono parole **invariabili** (non cambiano mai forma) che completano il significato di altre parole:

David legge molto.
Probabilmente domani andremo in montagna.
Non trovo il libro di inglese.

Osserva come in italiano si usano gli avverbi di tempo e di quantità.

Gli avverbi di tempo

Gli avverbi di tempo si usano per dire quante volte facciamo una cosa.
Di solito questi avverbi si trovano **DOPO IL VERBO**. Per fare la forma negativa mettiamo **non** prima del verbo.

*Faccio **sempre** i compiti prima di uscire.*
*Guardi **spesso** la televisione?*
***Non** bevo **mai** vino, perché non mi piace.*

Gli **avverbi di tempo**:

SEMPRE	QUALCHE VOLTA
QUASI SEMPRE	RARAMENTE
DI SOLITO	QUASI MAI
SPESSO	MAI

1 Segna sulla tabella la frequenza con cui svolgi queste attività. Poi scrivi un breve testo utilizzando i verbi e gli avverbi contenuti nella tabella.

	sempre	di solito	spesso	qualche volta	quasi mai	mai
leggere un libro	☐	☐	☐	☐	☐	☐
disegnare	☐	☐	☐	☐	☐	☐
ascoltare musica	☐	☐	☐	☐	☐	☐
fare sport	☐	☐	☐	☐	☐	☐
guardare la televisione	☐	☐	☐	☐	☐	☐
stare con gli amici	☐	☐	☐	☐	☐	☐
chattare al computer	☐	☐	☐	☐	☐	☐
giocare alla playstation	☐	☐	☐	☐	☐	☐
fare un pisolino	☐	☐	☐	☐	☐	☐
giocare a scacchi	☐	☐	☐	☐	☐	☐
telefonare	☐	☐	☐	☐	☐	☐

Nel mio tempo libero...

....

....

....

....

....

....

....

....

....

....

2 Quali mezzi di trasporto usi? Scrivi 8 frasi. Usa gli avverbi di tempo e queste parole: *automobile* (= *auto*, *macchina*), *motorino*, *bicicletta*, *tram*, *aereo*, *treno*, *nave*, *elicottero*.

Esempio: *A scuola vado sempre a piedi, non prendo mai l'autobus...*

1. ....
2. ....
3. ....
4. ....
5. ....
6. ....
7. ....
8. ....

Gli avverbi di quantità

Gli **avverbi di quantità** rispondono alla domanda **QUANTO?**

*Sono **abbastanza** contenta del tuo compito.*
*Marika mi manca **tanto**.*
*Diego non mi piace, non è simpatico **per niente**.*

Quando accompagnano **un verbo**, stanno **dopo il verbo** (*Tania lavora **troppo***);
quando accompagnano **un aggettivo**, stanno **prima dell'aggettivo** (*Carola è **molto** gentile*)

Gli **avverbi di quantità**:

TROPPO	UN PO'
TANTO / MOLTO	POCO
ABBASTANZA	(PER) NIENTE

3 Racconta al tuo compagno di banco che cosa mangi durante il giorno (usa gli avverbi di tempo) e quali sono i cibi che ti piacciono e quelli che non ti piacciono (usa gli avverbi di quantità).
Parole utili: *colazione*, *merenda*, *spuntino*, *pranzo*, *aperitivo*, *cena*.

Esempio: *A colazione, di solito, bevo una tazza di latte con il caffè e mangio fette biscottate con la marmellata. Qualche volta mangio anche una macedonia di frutta...*

GiOCa!

Frasi disordinate

Gioca tutta la classe. Vince chi ricostruisce tutte le frasi per primo.

Esempio: *esco la amici gli sempre con domenica* → La domenica esco sempre con gli amici.

1. *padre giorni giornale legge mio i tutti il* → ....
2. *non mai nonni i vacanza in vanno* → ....
3. *spesso il sera vado sabato cinema al* → ....
4. *bene molto scacchi giocare Liuba a sa* → ....
5. *stanco raramente cena studio dopo perché sono* → ....

UNITÀ 6

"Chissà chi lo sa?": fare domande

"Chissà chi lo sa?"
(era il titolo di un famoso programma televisivo)

Che cosa vuol dire?

- ☐ vediamo chi conosce questa cosa
- ☐ nessuno sa questa cosa
- ☐ questa è una domanda difficile

Che giorno è? Scrivi la data di oggi. ....

Test!

Martin arriva a scuola con una faccia stravolta e Serena gli dice:

- *Sei tu stanco? Forse che hai dormito male questa notte? Chi amico hai visto ieri sera?*

Le domande di Serena non sono espresse nella forma corretta. Riscrivile, correggendo gli errori.

....

....

RICORDA

In italiano, per fare una domanda, in alcuni casi basta mettere alla fine della frase il punto interrogativo (**?**):

A Margherita piace la cioccolata.
*A Margherita piace la cioccolata***?**

Con la prima frase io **dico che** a Margherita piace la cioccolata (lo so già).
Con la seconda frase io **domando a qualcuno se** a Margherita piace la cioccolata (non lo so e lo domando).

1 **Trasforma in domande le seguenti frasi, mettendo alla fine il punto interrogativo:**

Andiamo al cinema. ....
Ti piace camminare in montagna. ....
C'è bel tempo oggi. ....
Domani restate a casa. ....

Spesso però le domande cominciano con un aggettivo, un pronome o un avverbio interrogativo:

Chi? **Che cosa?** **Che?** **Quale?** **Quando?** **Come?** **Quanto?** **Perché?**

2 **Leggi i seguenti esempi e prova a rispondere alle domande.**

Chi?

Chi è quella ragazza? **È una mia compagna di classe.**

Chi vuole venire al cinema con me? ....

Da chi hai saputo che sono qui? ....

Con chi esci questa sera? ....

Che cosa?

Che cosa facciamo oggi pomeriggio? ....

Che cosa dobbiamo studiare per domani? ....

In che cosa ti posso aiutare? ....

A che cosa pensi? ....

Quale / i? / Che?

Quale autobus prendi per tornare a casa? *oppure* **Che** autobus prendi per tornare a casa?

....

Quali città italiane conosci? *oppure* **Che** città italiane conosci?

....

Qual è la tua materia preferita?

....

Dove?

Dove vai? ....

Da dove vieni? ....

Quando?

Quando finiscono le scuole? ....

Da quando sei qui ....

Fino a quando resti in Italia? ....

Come?

Come ti chiami? ....

Come si fa questo esercizio? ....

Come ti vesti per la festa di questa sera? ....

Quanto / a /i / e?

Quanto costa questa maglietta? ....

Quanta pasta preparo? ....

Quanti anni hai? ....

Quante volte al giorno devo prendere questa medicina? ....

A quanti anni sei venuta in Italia? ....

Perché?

Perché sei triste? ....

Perché non venite con noi? ....

3 **Collega le domande della colonna A alle risposte della colonna B.**

A
Quando devi andare dal dentista?
Con chi vai in vacanza?
Perché non hai fatto i compiti?
Chi è quella ragazza?
Fra quanti minuti passa il prossimo autobus?
Come si dice "gelato" in inglese?
Di chi è questa sciarpa?
Da chi andiamo questa sera?
Qual è tuo fratello?

B
È di Miriam.
Perché avevo male di testa.
Mercoledì prossimo alle 5.
È quel ragazzo alto con i capelli rossi.
Peter ci ha invitato a casa sua.
Vado con Andra e Ina.
Fra sette minuti.
È la mia nuova compagna di classe.
Si dice *ice-cream*.

4 **Scrivi le domande adatte a queste risposte.**

1. DOMANDA ....
RISPOSTA *Perché mi sono dimenticato.*

2. D. ....
R. *Il mio compagno di banco è Daniel.*

3. D. ....
R. *Abbiamo allenamento di atletica tre volte alla settimana.*

4. D. ....
R. *Mi alleno al centro sportivo di via Santini.*

5. D. ....
R. *Il mio allenatore si chiama Diego.*

6. D. ....
R. *Di solito mi alleno con Leonardo e Alessandro.*

7. D. ....
R. *L'allenamento dura due ore.*

8. D. ....
R. *Le gare sono il sabato pomeriggio o la domenica mattina.*

5 **Scrivi cinque domande usando gli aggettivi e i pronomi interrogativi. Poi rivolgile a un tuo compagno e scrivi sotto la sua risposta.**

1. DOMANDA ....
RISPOSTA ....

2. DOMANDA ....
RISPOSTA ....

3. DOMANDA ....
RISPOSTA ....

4. DOMANDA ....
RISPOSTA ....

5. DOMANDA ....
RISPOSTA ....

UNITÀ 7

"Ma fammi il piacere!...": esprimere richieste, desideri e scusarsi

"Ma fammi il piacere!..."

Che cosa vuol dire?

☐ aiutami
☐ non dire stupidaggini
☐ cerca di essere gentile

Che giorno è? Scrivi la data di oggi. ....

Test!

Misha entra in un negozio per fare la spesa. Ecco quello che chiede al fruttivendolo:

Dammi un chilo di pomodori, mezzo chilo di albicocche e quattro banane.
Metti tutto nello stesso sacchetto, a parte le banane, perché le devo portare alla nonna.

Mentre sta uscendo incontra Thomas, un compagno di scuola di sua sorella Jana, e gli dice:

Presta il tuo quaderno di scienze a Jana! Così può copiare gli appunti che non ha scritto la settimana scorsa, quando era a casa ammalata.

Il modo imperativo

I verbi sottolineati nel Test sono IMPERATIVI. Spesso gli imperativi sono seguiti dal punto esclamativo (!).

Per esprimere un ordine, una richiesta o un suggerimento si usa il modo IMPERATIVO.
In italiano l'imperativo ha due persone: la 2ª singolare (TU) e la 2ª plurale (VOI).

Per formare l'imperativo bisogna prendere l'infinito del verbo, togliere *-are*, *-ere* o *-ire* e aggiungere le desinenze indicate qui sotto:

	I coniugazione (verbi in -are) PARLARE	**II coniugazione (verbi in -ere) LEGGERE**	**III coniugazione (verbi in -ire) DORMIRE**
tu	parl-**a!**	legg-**i!**	dorm-**i!**
voi	parl-**ate!**	legg-**ete!**	dorm-**ite!**

L'imperativo negativo

Per esprimere un divieto o una proibizione si usa:

NON + infinito per la 2ª persona singolare (*Non gridare [tu]!*);
NON + imperativo per la 2ª persona plurale (*Non gridate [voi]!*).

L'imperativo con i pronomi personali complemento

Con l'imperativo si usano le forme deboli dei pronomi personali complemento. Il pronome si unisce all'imperativo, formando una sola parola: *Sposta**ti**! Ascoltate**mi**!*

RICORDA

In italiano, per fare una domanda in modo gentile, non si usa il modo imperativo ("dammi!", "metti!"), ma il modo condizionale: "vorrei", "avrei bisogno di" oppure si usa la forma con il congiuntivo: "Per favore, mi dia un chilo d'uva".

Spesso si usano anche i verbi "potere" e "sapere" + infinito: "puoi aiutarmi", "potresti aiutarmi". La forma di cortesia, poi, si usa quando si dà del Lei (vedi box pag. 73): "Scusi, signora, potrebbe dirmi che ore sono?"

Per esempio:

invece di – *Presta i tuoi appunti a Jana!*
è meglio dire – *Presteresti i tuoi appunti a Jana?* oppure
– *Puoi prestare i tuoi appunti a Jana?* o anche
– *Potresti prestare i tuoi appunti a Jana?*

invece di – *Professore, mi dice che voto ho preso?*
si dice – *Professore, mi può dire che voto ho preso?* oppure
– *Professore, mi direbbe che voto ho preso?* oppure
– *Professore, per favore, mi dica che voto ho preso.*

PER COMUNICARE

Quando fai una richiesta o una domanda è bene cominciare con **PER PIACERE**, **PER FAVORE** o **SCUSA** / **SCUSI** e poi ringraziare con **GRAZIE**, **GRAZIE MILLE**.

A scuola Marco chiede a Jan di aiutarlo:

M. – Per piacere, puoi spiegarmi questo esercizio?
J. – Certo, te lo spiego subito.
M. – Grazie mille!

Alla fermata dell'autobus Usain domanda informazioni a una signora:

U. – Mi scusi, signora, sa dirmi a che ora passa il numero 8?
S. – Mi dispiace, non lo so.
U. – Grazie lo stesso.

Le richieste di Misha nel test sono chiare, ma sono espresse in modo poco gentile.
Prova a sostituire le parole sottolineate con forme più adeguate ("forme di cortesia").

....

....

....

....

Il modo condizionale

Per formare il CONDIZIONALE bisogna prendere l'infinito del verbo, togliere ***-are***, ***-ere*** o ***-ire*** e aggiungere le desinenze indicate sotto:

	I coniugazione (verbi in -are) PARLARE	II coniugazione (verbi in -ere) LEGGERE	III coniugazione (verbi in -ire) DORMIRE
io	parl**erei**	legg**erei**	dorm**irei**
tu	parl**eresti**	legg**eresti**	dorm**iresti**
lui / lei	parl**erebbe**	legg**erebbe**	dorm**irebbe**
noi	parl**eremmo**	legg**eremmo**	dorm**iremmo**
voi	parl**ereste**	legg**ereste**	dorm**ireste**
loro	parl**erebbero**	legg**erebbero**	dorm**irebbero**

Alcuni verbi hanno il condizionale **irregolare**.

	ESSERE	AVERE	VOLERE	POTERE	SAPERE
io	**sarei**	**avrei**	**vorrei**	**potrei**	**saprei**
tu	**saresti**	**avresti**	**vorresti**	**potresti**	**sapresti**
lui / lei	**sarebbe**	**avrebbe**	**vorrebbe**	**potrebbe**	**saprebbe**
noi	**saremmo**	**avremmo**	**vorremmo**	**potremmo**	**sapremmo**
voi	**sareste**	**avreste**	**vorreste**	**potreste**	**sapreste**
loro	**sarebbero**	**avrebbero**	**vorrebbero**	**potrebbero**	**saprebbero**

1 Sottolinea le parole corrette, come nell'esempio.

1. Paola, *accompagneresti* / *accompagnasti* a scuola Silvia, *per piacere* / *prego*?
2. *Scusa* / *Scusate*, mi sapreste dire quanti chilometri mancano al distributore più vicino?
3. Miriam, mi *aiuteresti* / *aiuterebbero* a preparare la festa per il compleanno di Roland?
4. Per piacere, *potrebbe* / *potranno* dirmi quali documenti servono per prendere la patente A?
5. *Voglierei* / *Vorrei* un pacchetto di biscotti e una confezione di corn-flakes, *per favore* / *scusi*.
6. Buongiorno, *può* / *posso* farmi un biglietto di seconda classe per Viterbo? Grazie!

Il modo condizionale si usa anche per ESPRIMERE UN DESIDERIO:

*Mi **piacerebbe** andare al mare.*

Per esprimere un desiderio spesso si usa anche il verbo ***essere*** al condizionale + un aggettivo:

***Sarebbe bello** uscire a cena questa sera.*
***Sarebbe meraviglioso** / **fantastico** vincere il campionato di pallavolo.*

2 Scrivi sei desideri: usa tre volte il condizionale (esempio: *Mi piacerebbe andare in piscina*) e tre volte la forma con il verbo *essere* + un aggettivo (esempio: *Sarebbe bello fare una passeggiata*).

1. **Mi piacerebbe...** ....
2. ....
3. ....

4. **Sarebbe fantastico...** ....
5. ....
6. ....

3 Ora scrivi alcune domande da rivolgere al tuo compagno di banco (usa il singolare: *Ti piacerebbe...?*) e alla classe (usa il plurale: *Vi piacerebbe...?*).

....

....

....

....

Il modo condizionale si usa anche per DARE UN CONSIGLIO:

Dovresti *studiare di più.*
Alina ***potrebbe*** *aiutare sua sorella a fare i compiti.*

Per dare un consiglio si può anche usare il *condizionale* alla prima persona singolare.

Per esempio: Noah è in un negozio di abbigliamento e chiede a Roger un consiglio.

N.: - *Non so se comperare questa camicia o quella maglietta. Cosa dici?*
R. risponde: - *Potresti comperare la camicia* oppure – *Io comprerei la camicia.*

Il modo condizionale si usa anche per FARE UNA PROPOSTA:

Potremmo *regalare a Carl un orologio.*

UNA COSA IN PIÙ

Dare del lei

Quando ci si rivolge a una persona, per usare la forma di cortesia (= dare del Lei), si deve:
– sostituire il pronome personale "tu" e i suoi derivati con "lei" e i suoi derivati;
– coniugare i verbi non alla seconda persona, ma alla terza persona singolare.

Chiara è una tua amica, quindi, quando le parli, le dai del tu. Così le dici:

Chiara, **puoi** (presente indicativo, seconda persona singolare) *prestarmi il* **tuo** (aggettivo possessivo, seconda persona singolare) *libro di scienze, se a* **te** (pronome personale complemento, seconda persona singolare) *non serve?*

Invece, alla professoressa di scienze darai del Lei, dicendole:

Professoressa, **può** (presente indicativo, terza persona singolare) *prestarmi il* **suo** (aggettivo possessivo, terza persona singolare) *libro di scienze, se a* **lei** (pronome personale complemento, terza persona singolare) *non serve?*

Ciao! Sei tu la sorella di Misa?
Buongiorno! È lei la madre di Fabio?

Riscrivi i seguenti dialoghi nella forma di cortesia:

a. Non stai bene e vuoi telefonare a casa per avvisare i tuoi genitori che vengano a prenderti. Vai dalla segretaria della scuola e le chiedi di poter telefonare a casa. Scrivi qui sotto che cosa le dici (le dai del Lei)

....

....

b. Cerchi un lavoro per le vacanze estive. Ti presenti in un negozio dove cercano un commesso e chiedi informazioni sul lavoro (periodo, orario, stipendio). Scrivi qui sotto che cosa dici al responsabile (gli dai del Lei).

....

....

CANTA!

Questa canzone è stata scritta da Edoardo Bennato.

IL GATTO E LA VOLPE

Quanta fretta, ma dove corri, dove vai?
Se ci ascolti per un momento capirai.
Lui è il gatto ed io la volpe, stiamo in società
di noi ti puoi fidar!
Puoi parlarci dei tuoi problemi, dei tuoi guai,
i migliori in questo campo siamo noi,
è una ditta specializzata, fa' un contratto e vedrai
che non ti pentirai!
Noi scopriamo talenti e non sbagliamo mai,
noi sapremo sfruttare le tue qualità,
dacci solo quattro monete e ti iscriviamo al concorso
per la celebrità!
Non vedi che è un vero affare,
non perdere l'occasione
se no poi te ne pentirai,
non capita tutti i giorni
di avere due consulenti, due impresari,
che si fanno in quattro per te!
Avanti non perder tempo, firma qua,
è un normale contratto, una formalità,
tu ci cedi tutti i diritti e noi faremo di te
un divo da hit-parade*!*

Il gatto e la volpe, due imbroglioni, vogliono convincere Pinocchio a fidarsi di loro.
Conosci la storia di Pinocchio?

Nel testo ci sono molti verbi. Sottolineali tutti e riscrivili qui sotto.

I LINGUAGGI SETTORIALI

il linguaggio della storia • il linguaggio della geografia • il linguaggio della geometria • il linguaggio della fisica

Ogni materia di studio – la Storia, la Geografia, la Matematica, le Scienze ecc. – si serve, per esprimere oralmente o per iscritto i propri contenuti, della lingua italiana.

Ciascuna materia, però, si avvale anche di parole e di espressioni che sono sue proprie e che la caratterizzano in modo preciso.

Controlla e arricchisci le tue conoscenze e le tue competenze sui linguaggi delle diverse materie di studio eseguendo gli esercizi che seguono.

1 Il linguaggio della STORIA

Il testo che segue è tratto da un libro di storia. Leggilo, poi svolgi gli esercizi.

L'ambiente naturale nel Paleolitico

Durante il Paleolitico si verificarono quattro grandi glaciazioni, vale a dire quattro periodi freddissimi, in cui la superficie dei ghiacciai crebbe in misura eccezionale. Le glaciazioni determinarono consistenti modificazioni ambientali, che spinsero gli animali a ricercare sempre nuovi ambienti per garantirsi la sopravvivenza. I cacciatori paleolitici furono dunque costretti a seguire le loro trasmigrazioni, diffondendosi in vari luoghi della Terra. Quando circa 10 000 anni fa ebbe termine la glaciazione detta di Wurm (dal nome dell'affluente del Danubio dove per la prima volta vennero studiate le sue tracce), l'umanità si trovò di fronte a una geografia molto diversa da quella delle epoche precedenti: le regioni settentrionali, dopo il ritiro dei ghiacci, si erano coperte di foreste, e molte zone della Terra si stavano trasformando in deserti. La fauna, inoltre, non era più quella di un tempo. Alcuni animali, come le renne, erano migrati verso il nord; altri ancora non erano riusciti a sopravvivere, come la tigre dai denti a sciabola e il mammut, il mammifero coperto di fitto pelo che aveva fornito ai primi cacciatori non solo ottimo cibo, ma anche le pelli necessarie per ripararsi dai rigori del freddo.

(E. Cantarella - G. Guidorizzi, *La cultura della storia*, Einaudi Scuola)

A Sottolinea sul testo tutte le forme verbali al passato remoto e scrivile qui sotto, una per ogni riga. Poi scrivi l'infinito del verbo e il tempo richiesto. Segui l'esempio.

Passato remoto	Infinito	
si verificarono	verificarsi	Passato prossimo si sono verificate
crebbe		Presente indicativo
		Futuro semplice
		Imperfetto indicativo
		Passato prossimo
		Presente indicativo
		Imperfetto indicativo

B Scrivi vicino a ogni parola dell'elenco la parola che, nel testo, ha lo stesso significato. Segui l'esempio.

cioè **vale a dire**
causarono ....
fine ....
dato ....
boschi ....

C Indica sulla tabella se l'informazione è VERA, FALSA o NON C'È nel testo.

	VERO	FALSO	NON C'È
1. La glaciazione è un anno freddo.	☐	☐	☐
2. Durante le glaciazioni gli ambienti cambiarono.	☐	☐	☐
3. Wurm è il nome di un fiume.	☐	☐	☐
4. La flora è l'insieme delle piante.	☐	☐	☐

2 Il linguaggio della GEOGRAFIA

Il testo seguente, tratto da un libro di geografia, tratta dei venti che spirano in Italia.
Leggi il testo, poi svolgi le attività proposte.

Per le regioni italiane sono importanti il **libeccio**, proveniente dall'Africa nord-occidentale (interessa le regioni tirreniche dell'Italia) e lo **scirocco**, proveniente dal Sahara egiziano (giunge sino alle coste ioniche, portando elevate temperature e afa): sono venti caldi e umidi, poiché attraversano il Mediterraneo accumulando vapore acqueo. Il **mistral** è invece un vento freddo e secco di nord-ovest, che spira attraverso la valle del Rodano e raggiunge Sardegna e Toscana, dove viene chiamato **maestrale**.

Sempre da Nord proviene la **tramontana**, vento freddo e asciutto: maestrale e tramontana di solito portano il sereno.

La **bora** proviene dalle alte pressioni delle fredde pianure danubiane, prende velocità attraversando il Carso e spira violenta sul Friuli-Venezia Giulia, richiamata dalla bassa pressione adriatica: Trieste è la città che ne è più spesso colpita, con bore che raggiungono i 130 km/h e portano freddo e piogge (o neve).

Il *ghibli* e il *chili* sono venti africani (libico il primo e tunisino il secondo), che non raggiungono le regioni italiane, ma rinforzano "di spalle" il libeccio.

(M. Crippa - M. Fiorani, *Geografia generale*, A. Mondadori Scuola)

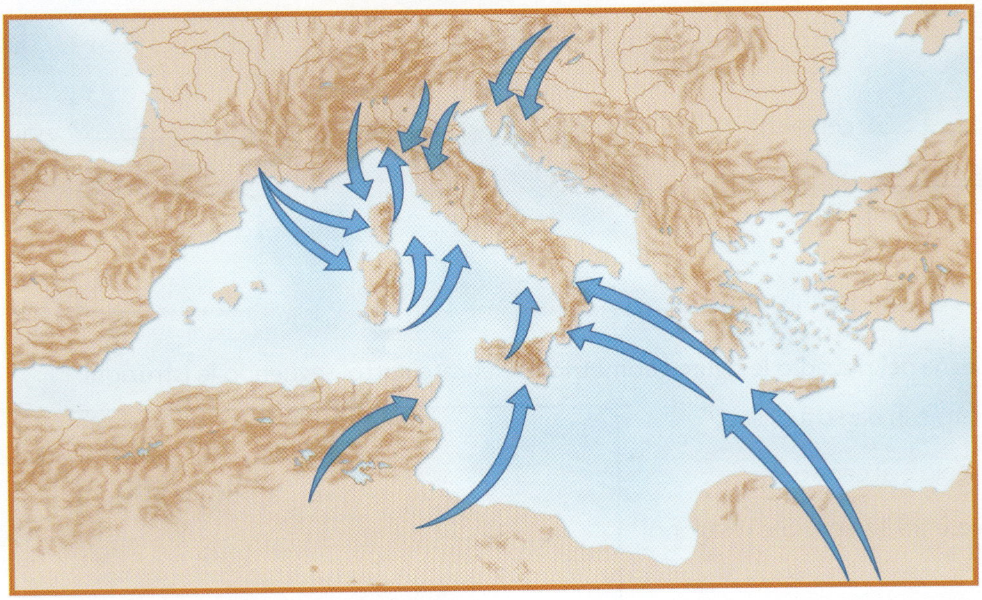

A Scrivi il nome dei venti sulle frecce della figura.

B Completa la figura con i nomi geografici contenuti nel testo (puoi usare l'atlante): *Africa nord-occidentale, regioni tirreniche, Sahara egiziano, coste ioniche, Mediterraneo, valle del Rodano, Sardegna, Toscana, pianure danubiane, Carso, Friuli-Venezia Giulia, Adriatico, Trieste, Libia, Tunisia.*

C Indica sulla tabella se l'informazione è VERA, FALSA o NON C'È nel testo.

	VERO	FALSO	NON C'È
1. Tutti i venti che interessano l'Italia sono caldi.	☐	☐	☐
2. Il *mistral* e il *maestrale* sono due venti diversi.	☐	☐	☐
3. Il *mistral* interessa anche le coste spagnole.	☐	☐	☐
4. Il *maestrale* e la *tramontana* portano spesso bel tempo.	☐	☐	☐
5. La *bora* è un vento freddo, ma non violento.	☐	☐	☐
6. A Trieste spesso soffia la *bora*.	☐	☐	☐
7. Il *ghibli* viene dalla Tunisia, il *chili* viene dalla Libia.	☐	☐	☐
8. Il *ghibli* e il *chili* arrivano in Italia raramente.	☐	☐	☐
9. Il *ghibli* e il *chili* sono venti caldi.	☐	☐	☐

3 Il linguaggio della GEOMETRIA e della MATEMATICA

1 Sai come si chiamano le figure geometriche in italiano?

A Prova a disegnare per ogni nome la figura geometrica corrispondente.

quadrato   triangolo   rettangolo

cerchio trapezio esagono

pentagono rombo parallelogramma

B **Ora disegna nel riquadro le figure geometriche elencate sotto, seguendo le istruzioni.**

Il quadrato è in basso a destra.

Il rettangolo è al centro.

Il cerchio è tra il trapezio e l'esagono in alto.

Il rombo è vicino al parallelogramma sotto il rettangolo.

Il triangolo è in alto a sinistra.

2 **Il testo che segue è il capitolo iniziale di un manuale di matematica e contiene la definizione dei cosiddetti "numeri naturali". Leggilo e poi svolgi gli esercizi.**

Numeri naturali

I primi numeri che l'umanità ha utilizzato per *contare* e *ordinare* oggetti sono i **numeri naturali**. Tutti noi *conosciamo questi numeri* fin dall'infanzia, per il loro carattere intuitivo e di immediata comprensione. I **numeri naturali** sono rappresentati con scritture quali 5, 12, 39, 100, 1237... e per scriverli usiamo dieci simboli detti cifre: 0, 1, 2, 3, 4, 5, 6, 7, 8, 9.

In generale, per esprimere *relazioni* tra numeri, o tra espressioni numeriche, facciamo uso di segni di uguaglianza o disuguaglianza come indicato dalla seguente tabella.

SIMBOLO	NOME	ESEMPI		
$<$	minore	$12 < 23$	$31 + 6 < 40$	$20 + 15 < 18 + 21$
$=$	uguale	$7 + 90 = 97$	$12 + 5 = 40 - 23$	$100 = 50 - 5 + 55$
$>$	maggiore	$43 > 35$	$76 > 20 + 40$	$37 - 14 > 10 + 8$
$\neq$	diverso	$7 \neq 15$	$87 - 21 \neq 0$	$1 \neq 25 - 23$

A **Hai capito che cosa sono i numeri naturali? Scrivine 5 qui di seguito.**

....

A che cosa servono numeri naturali?

....

....

Attenzione! 5 è un numero formato da una cifra, 32 è un numero formato da due cifre, 572 è un numero formato da tre cifre: 42070 è ....

Spiega con le tue parole che cosa significa l'aggettivo "naturale" nell'espressione "numeri naturali".

....

B **Nella tabella contenuta nel testo vengono illustrati alcuni simboli di uso frequente in matematica. Usa tali simboli per trascrivere le seguenti espressioni:**

otto diverso da dieci: ....

sessantatré maggiore di sessantuno: ....

trecentouno minore di trecentotré: ....

quattro più quattro uguale otto: ....

3 **Quello che segue è un teorema di geometria: il teorema delle rette parallele. Leggilo e poi rispondi alle domande.**

Due rette di un piano perpendicolari a una stessa retta non hanno alcun punto in comune, cioè sono rette parallele tra loro.

Siano *a*, *b* due rette perpendicolari alla stessa retta e rispettivamente nei punti *A*, *B*, si abbia, cioè, per *ipotesi*: $a \perp c, b \perp c$; vogliamo dimostrare che tali rette non possono incontrarsi in un punto *O*: la *tesi* è quindi: $a \parallel b$.

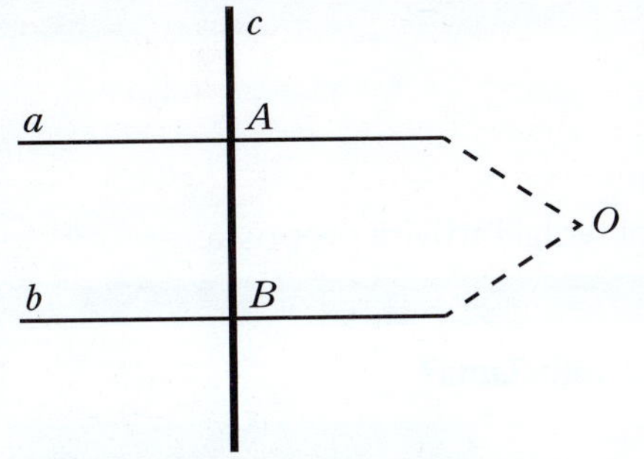

$[(a \perp c, \quad b \perp c) - (a \parallel b)]^3$

Infatti, se le due rette si incontrassero in un punto *O*, per questo punto passerebbero due rette distinte perpendicolari a una terza, il che è impossibile perché abbiamo dimostrato che da un punto esce una sola perpendicolare a una stessa retta. Resta così dimostrato che *a* e *b* sono parallele.

A **Il testo contiene le seguenti parole che sono proprie del linguaggio della geometria. Sottolineale sul testo e poi spiegane il significato.**

(rette) perpendicolari: ....

(rette) parallele: ....

ipotesi: ....

tesi: ....

piano: ....

B Nel testo, come è tipico della geometria, vengono usati alcuni simboli che l'autore suppone siano conosciuti dal lettore:

⊥ significa "è perpendicolare a"
quindi $a \perp c$ significa: ....

L'espressione *a* parallelo a *b* in geometria si scrive: ....

4 Il linguaggio della FISICA

1 Per spiegare meglio gli argomenti, spesso i libri di scuola usano delle figure. Ecco quattro figure che riguardano un esperimento di fisica. Attribuisci a ogni figura la corretta didascalia.

Figura 1. AREA UGUALE, FORZA UGUALMENTE INTENSA

Figura 2. AREA DOPPIA, FORZA DOPPIAMENTE INTENSA

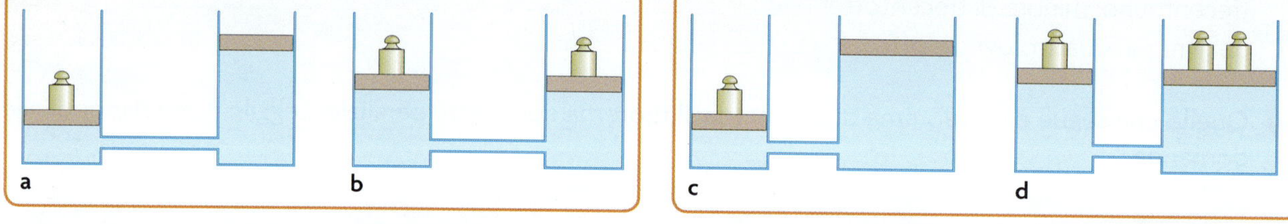

1 Per riportare il secondo pistone nella posizione iniziale non basta un pesetto uguale, ma in questo caso ne servono due.

2 Le aree delle sezioni dei due cilindri sono una doppia dell'altra. Un pesetto sul pistone più stretto fa sollevare il pistone più largo.

3 Due cilindri comunicanti di uguale sezione, chiusi da pistoni, contengono acqua. Un pesetto appoggiato su un pistone lo fa abbassare e fa sollevare l'altro.

4 Per ristabilire l'equilibrio iniziale è necessario porre sul secondo pistone un pesetto uguale a quello appoggiato sul primo pistone.

1 ☐ 2 ☐ 3 ☐ 4 ☐

(A. Caforio - A. Ferilli, *Fisica!*, Le Monnier Scuola)

2 Leggi la scheda che segue, poi svolgi l'attività proposta.

SVILUPPA IL TUO INTUITO

Si potrà mai fare paracadutismo sulla Luna?

Forse in futuro la Luna potrà diventare meta di turismo spaziale. Qualcuno potrebbe anche avere il desiderio di andarci a praticare degli sport. Ma il paracadutismo non sarà fra questi.
Qual è la funzione del paracadute sulla Terra?
Ogni corpo che cade in un fluido è soggetto a una forza di attrito che si oppone al moto. Questa forza dipende dalla forma del corpo e dalla viscosità del fluido: per un corpo ampio è maggiore che per un corpo compatto, ed è maggiore nel miele che nell'acqua. Inoltre, l'intensità dell'attrito di un fluido non è costante.
Se la velocità del corpo in movimento non è troppo alta, è direttamente proporzionale alla velocità.
Anche l'aria, benché sia un fluido poco viscoso, sviluppa attrito. Perciò, quando un corpo cade nell'aria, all'aumentare della sua velocità aumenta proporzionalmente la forza frenante che agisce su di esso. E in un certo istante quest'ultima giunge a uguagliare in intensità il peso del corpo. Da quell'istante le due forze che agiscono sul corpo si bilanciano e il moto prosegue con una velocità costante, chiamata "velocità limite".
Con un paracadute, grazie alla grande estensione della sua superficie, la velocità limite di una massa di 100 kg si aggira intorno ai 5 m/s, un valore sufficientemente basso da permettere un atterraggio senza danni.
Sulla Luna il paracadute non servirebbe, semplicemente perché il nostro satellite è privo di atmosfera!

A Indica sulla tabella se l'informazione è VERA, FALSA o NON C'È nel testo.

	VERO	FALSO	NON C'È
1. Gli uomini non andranno mai per turismo sulla Luna.	☐	☐	☐
2. Sulla Luna non si può fare sport.	☐	☐	☐
3. Il miele è un fluido più viscoso dell'acqua.	☐	☐	☐
4. L'aria è un fluido poco viscoso.	☐	☐	☐
5. Sulla Luna non c'è atmosfera.	☐	☐	☐

3 Il testo che segue descrive un esperimento sulla forza di gravità. Leggi attentamente, poi svolgi le attività proposte.

LA GRAVITÀ ANNULLATA

In un sistema di riferimento in caduta libera, cioè accelerato rispetto alla Terra con accelerazione uguale a quella di gravità, il peso di ogni oggetto è bilanciato da una forza apparente. Apparente ma con conseguenze reali: in questo esperimento vedrai come tale forza faccia scoppiare un palloncino.

Quel poco che serve

- una scatola da scarpe del formato usato per confezionare gli stivali (lunga 40 cm o più)
- un palloncino
- un piombo da pesca
- un ago
- degli elastici
- nastro adesivo
- un punteruolo

ATTENZIONE maneggia con prudenza gli oggetti appuntiti.

Come procedere

- Togli .... coperchio e appoggia verticalmente sopra .... piano .... scatola da scarpe su .... delle sue due facce più corte. Con .... punteruolo pratica due fori sulla faccia superiore in prossimità degli spigoli. Passa .... elastico (o .... stringa di più elastici annodati insieme se non hai .... elastico abbastanza lungo) attraverso .... fori in modo che .... due estremità penzolino all'interno della scatola.
- Annoda le estremità dei due elastici legando a esse il piombo da pesca: il piombo deve restare sospeso all'interno della scatola, con gli elastici in tensione.

Figura 1

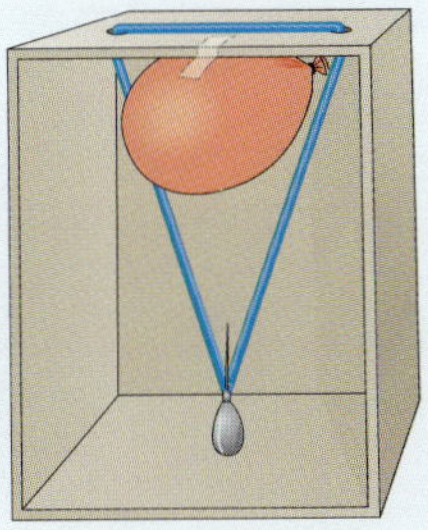

- Fissa con il nastro adesivo l'ago al piombo da pesca, con la punta rivolta verso l'alto. Sopra, all'interno della scatola, deve rimanere spazio per il palloncino.

Figura 2

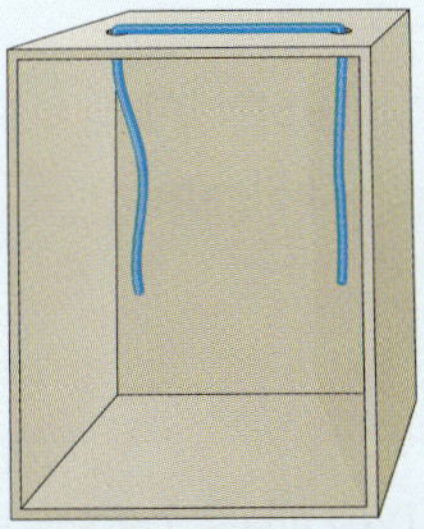

- Gonfia il palloncino e attaccalo con il nastro adesivo dentro la scatola sulla faccia superiore, proprio sopra la punta dell'ago. Assicurati che l'ago possa pungerlo nel caso in cui gli elastici tornino ad assumere la loro lunghezza a riposo.

Figura 3

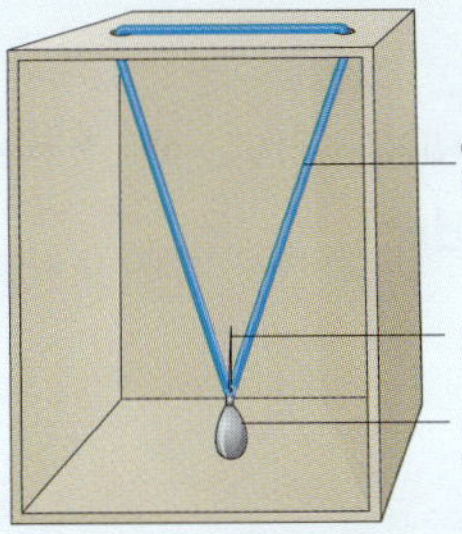

- Fai cadere la scatola dall'alto, per esempio da una finestra, lasciandola andare diritta in verticale con il palloncino sopra e l'ago sotto.

Che cosa osserverai

Durante il volo, il palloncino scoppierà perché verrà punto dall'ago.

Come si spiega?

La scatola cade, acquistando l'accelerazione di gravità $\vec{g}$, la medesima acquistata da tutto il suo contenuto. Perciò, assumendo la scatola come sistema di riferimento, ogni oggetto in essa racchiuso appare senza peso. In particolare, l'effetto della gravità sul piombo da pesca, di massa m, si cancella perché il suo peso $\vec{P} = m\,\vec{g}$ è bilanciato dalla forza apparente $\vec{F}_a = -m\,\vec{g}$. Quindi l'allungamento degli elastici si azzera e l'ago penetra nel palloncino.

A **Alle righe evidenziate con il fondino giallo mancano 6 articoli determinativi (*il, il, il, la, i, le*) e 5 articoli indeterminativi (*un, un, un, una, una*). Inseriscili nel testo.**

B **Le tre figure non sono al posto giusto.**

La figura **1.** va al posto della figura ...., la figura **2.** va al posto della figura ...., la figura **3.** va al posto della figura ....

C **Le istruzioni presenti nel testo sono espresse alla 2ª persona singolare del modo imperativo, per esempio: *maneggia*, (dopo *ATTENZIONE*); *Togli*, (in *Come procedere*).**
Sottolinea tutti gli imperativi e poi metti al loro posto altre forme verbali che si possono usare per dare delle istruzioni.

a) l'INFINITO

maneggiare, togliere

b) la forma IMPERSONALE

si maneggino, si tolgano

c) l'IMPERATIVO alla 2ª persona plurale

maneggiate, togliete

d) il PRESENTE INDICATIVO alla 1ª persona singolare

maneggio, prendo

PER LA VIA PIÙ BREVE

SCHEDE
GRAMMATICALI
DI BASE

FONOLOGIA

1. I suoni e le lettere dell'italiano

I suoni della lingua italiana vengono tradizionalmente distinti in due gruppi: **vocali** e **consonanti**.

Vocali

a e i o u si pronunciano tutte come si scrivono. Solo **e** ed **o** possono avere sia **suono aperto**, che può essere indicato con l'accento grave (`), sia **suono chiuso**, indicato graficamente con l'accento acuto (´): **fèrro** (suono aperto); **attésa** (suono chiuso); **castòro** (suono aperto); **amóre** (suono chiuso).

La distinzione tra suono aperto e suono chiuso è fondamentale in alcuni casi per distinguere parole dal diverso significato: **pèsca** (il frutto) / **pésca** (lo sport); **bòtte** (percosse) / **bótte** (recipiente).

Consonanti

b c d f g (h) l m n p q r s t v z a cui si aggiungono 5 lettere straniere ormai entrate nell'uso italiano: **j k w x y**.

- Le consonanti **b**, **d**, **f**, **l**, **m**, **n**, **p**, **r**, **t**, **v** vengono pronunciate così come sono scritte.
- Le consonanti **c**, **g**, **q**, **s**, **z** possono invece indicare più suoni. In particolare ricorda che: **c** e **g** hanno:
  - suono **dolce** quando sono seguite da **e**, **i**: **cerbiatto**, **ciclomotore**, **gelato**, **gita**;
  - suono **duro** quando sono seguite da **a**, **o**, **u** (**carabiniere**, **correttore**, **cucina**, **gabbia**, **gorilla**, **guanto**), da **consonante** (**grammofono**, **grammo**) o da **h** (**chiave**, **ghiro**);
- La consonante **q** si usa solo seguita da **u** e da una **vocale** e ha lo stesso **suono duro** di **c** + **u**: **quaderno**, **quadro**, **quasi**, **questo**, **quello**, **inquinamento**, **inquadratura** (ma **cuore**, **cuoco**, **scuola**, **cuoio**).

Consonanti doppie

Le consonanti, quando si trovano tra due vocali, possono raddoppiare: te**rr**a**zz**a, matera**ss**o, ba**bb**o, pa**nn**a, te**tt**o, a**vv**iso.

In alcuni casi la consonante doppia distingue parole di diverso significato: **casa** / **cassa**; **pala** / **palla**; **rene** / **renne**; **sete** / **sette**; **cane** / **canne**; **base** / **basse**; **camino** / **cammino**.

Attenzione! Il raddoppiamento del suono *qu* si scrive **cqu**: **acqua**, **acquario**, **acquisto**, **acquedotto**.

Suoni particolari

Alcuni suoni sono rappresentati, anziché da una sola lettera, da due o tre lettere:

gl: **gli**, **egli**, **degli**, **figli**, **sbadiglio**, **caviglia**, **moglie**, **scoglio**

sci + vocale: **asciugamano**, **sciatore**, **scienza**, **coscienza**, **sciarpa**, **sciocco**

gn seguito da vocale: **agnello**, **ogni**, **campagna**, **bagno**.

Accento

Per pronunciare una parola è fondamentale la presenza di un **accento** che **metta in risalto una sua sillaba** attraverso un **innalzamento della voce**: far**fal**la, **ta**volo, **chia**mami, cit**tà**, albi**coc**ca (*vedi la scheda seguente*).

In italiano l'accento può cadere su diverse sillabe, ma **graficamente è segnato solo** quando cade **sull'ultima sillaba**: **realtà**, **sincerità**, **elettricità**, **perché**, **venerdì**, **nonché**, **arrivò**, **sentì**, **falò** (*vedi la scheda seguente*).

2. La scrittura corretta delle parole: l'ortografia

L'**ortografia** è la scrittura corretta delle parole. Vediamo i casi in cui è più facile sbagliare.

Gruppi *ce / cie*; *ge / gie*

Le forme corrette sono quelle in **ce** / **ge**: **falce**, **gemma**, **torace, angelo**, **cancello**, **calcetto**, **gelato**. Si scrivono però **-cie** / **-gie** (con la i):

- il plurale dei nomi che al singolare terminano in *-cìa, -gìa* (con i accentata): **farmacia** / **farmacie**; **strategia** / **strategie**;
- il plurale dei nomi che al singolare terminano in *-cia, -gia* (i non accentata), **solo se** *-cia, -gia* sono **preceduti da vocale**: cili**e**gia / cili**e**gie; cam**i**cia / cam**i**cie; val**i**gia / val**i**gie (ma ormai sono ammesse anche le forme *ciliege*, *valige*). Hanno invece il plurale in **-ce**, **-ge** se **-cia**, **-gia** sono preceduti da consonante: provin**cia** / provin**ce**; fran**gia** / fran**ge**; man**cia** / man**ce**;
- i nomi: **cielo**; **cieco**;
- i nomi: **superficie**; **specie**; **sufficienza**; **efficienza**; **igiene** e i loro derivati;
- i nomi in *-iere, -iera*: **pasticciere**, **crociera**; **formaggiera**.

Gruppi *gn / gni*

Il gruppo **gn** seguito da *a, e, o, u* si scrive di solito **senza la *i***: **montagna**, **campagna**, **vigneto**, **ingegnere**, **compagno**, **gnomo**, **giugno**. Ma si scrive **gni** quando la ***i*** è **accentata**: **compagnia**.

La lettera *h*

Si usa, come puro segno grafico (infatti non ha alcun suono):

- per indicare che *c* e *g* hanno *suono duro anche se* sono *seguite da e, i*: **amiche**, **ghepardo**;
- per le voci del verbo *avere*: **ho**, **hai**, **ha**, **hanno**;
- per le esclamazioni: **ah!**, **oh!**, **Ahimè!**;
- per alcune parole latine o straniere: **habitat**, **hobby**, **hamburger**, **hotel**, **hostess**.

L'accento

È **obbligatorio segnare graficamente l'accento**:

- sulle **parole** che sono **accentate sull'ultima sillaba**: **città**, **mercoledì**, **andò**, **caffè**, **però**;
- sui **monosillabi** che **terminano con due vocali**: **più**, **può**, **ciò**, **già**, **giù**. Fanno eccezione: *qui*, *qua*;
- sui **seguenti monosillabi**, per **distinguerli** da altri di forma uguale ma diverso significato:

dà (verbo *dare*) / *Luca **dà** l'acqua alle piante*	**da** (preposizione) / *Ho comprato gli occhiali **da** sole*
dì (nome = giorno) / *Lavora notte e **dì***	**di** (preposizione) / *Amo i braccialetti **di** stoffa*
è (verbo *essere*) / *Adrian **è** in camera*	**e** (congiunzione) / *Ho un maglione verde **e** blu*
là (avverbio) / *I ragazzi si sono spostati di **là***	**la** (articolo) / ***La** mia mamma è di origini portoghesi*
lì (avverbio) / *Ma dovevi andare proprio **lì**?*	**li** (pronome) / *Ho visto i ragazzi e **li** ho chiamati*
né (congiunzione) / *Non voglio **né** carne **né** pasta*	**ne** (pronome) / *Amo le fragole: **ne** raccoglierò ancora*
sé (pronome) / *Luisa ha portato il bimbo con **sé***	**se** (congiunzione) / ***Se** la chiami le farà molto piacere*
sì (avverbio) / *Gli sposi hanno detto **sì***	**si** (pronome e nota musicale) / ***Si** ammira allo specchio*
tè (nome = bevanda) / *Vuoi una tazza di **tè**?*	**te** (pronome) / *Mi piace molto chiacchierare con **te***

L'accento **non si segna mai**:

- sui **monosillabi** che **terminano con una sola vocale**: **fa**, **fu**, **sto**, **sta**, **so**, **sa**, **va**, **su**, **me**, **tre**, **re**, **blu**, **tra**, **fra**.

L'apostrofo

L'apostrofo (**'**) si utilizza per indicare l'**elisione**, cioè l'eliminazione della vocale finale di una parola quando è seguita da un'altra parola che inizia per vocale:

lo **a**nello → **l'**anello — anch**e** **e**ssi → **anch'**essi — ci **è** → **c'**è
all**a** **u**scita → **all'**uscita — quell**o** **a**lbergo → **quell'**albergo — ci **e**rano → **c'**erano

L'elisione è facoltativa con l'articolo femminile *una* e con l'aggettivo *questo/a*:

*un**a** **a**natra* oppure ***un'**anatra* — *quest**a** **e**state* oppure ***quest'**estate*

Attenzione! Non confondere l'articolo femminile *una* (che ha la forma *un'*) con il maschile **un** (**che non può mai avere l'apostrofo**): esso è il frutto del troncamento di *uno*:

una amica** / **un'amica **ma** ***un amico*** ***una infermiera** / **un'infermiera*** **ma** ***un infermiere***

La punteggiatura

Punto fermo (.): è il segno di punteggiatura più forte e indica una **pausa lunga** o uno stacco netto alla fine della frase. Dopo il punto fermo si usa l'iniziale maiuscola e talvolta si va a capo, in particolare quando si passa a parlare di un altro argomento.

Virgola (,): indica una **pausa breve** all'interno della frase. In particolare si usa quando si fa un elenco (Ho invitato Bruno**,** James**,** Ariel e Stella) e quando si separano due proposizioni tra loro coordinate, senza l'uso di e (Ero sicura che Gabriel sarebbe venuto**,** invece mi sono sbagliata).

Punto e virgola (;): è una **pausa più forte della virgola ma non quanto il punto fermo**. Si usa all'interno di un periodo per separare pensieri non strettamente legati tra loro, ma che non vogliamo totalmente separare con il punto fermo.

Due punti (:): **introducono** parole che sono **la conseguenza o la spiegazione** di quanto si è detto in precedenza. In particolare si usano per introdurre un elenco, un esempio, una citazione, un discorso diretto o una spiegazione. Esempi:

Ho scritto quello che devi comprare**:** frutta, latte, pane, biscotti, pasta, pomodori.
Mio padre esclamò**:** "Sono tanto felice!"
I giocatori sognavano soltanto una cosa**:** vincere quella partita!

Punto interrogativo (?): si mette alla fine di una **domanda diretta**. È seguito dall'iniziale maiuscola.
Es.: *"Da quanti anni vi conoscete**?** Mi sembra più o meno una ventina"*.

Punto esclamativo (!): si mette alla fine di una frase che esprime **stupore e meraviglia**, oppure un **ordine o esclamazione**. È seguito dall'iniziale maiuscola. Es. *"Che bel giardino**!**"; "Non gridare così**!**"*

MORFOLOGIA

3. L'articolo

In italiano i nomi sono preceduti da una particella che si chiama **articolo** e che ha la funzione **di inserirli** nel discorso.

il mare, **il gatto**, **lo scialle**, **l'elefante**, **gli uomini**, **i gatti**, **le fotografie**, **le donne**...

Fanno **eccezione** solo i **nomi propri** di persone, di animali e di luoghi che **rifiutano l'articolo**:

Sergio, **Maria**, **Fufi**, **Roma**

Gli articoli determinativi

Gli articoli che si premettono al nome per segnalare che esso indica **una persona o una cosa precisa**, **distinta da tutte le altre,** si chiamano **articoli determinativi**. Essi prendono **forme diverse** a seconda del **genere** (maschile o femminile), del **numero** (singolare o plurale) e della **vocale oppure della consonante con cui inizia la parola** che li segue:

	MASCHILE	FEMMINILE
singolare	**il** cane - **il** libro - **il** soldato - **il** quadro **lo** zio - **lo** studio -**lo** psichiatra – **l'**orologio	**la** penna - **la** mela - **la** scuola – **l'**amaca
plurale	**i** cani - **i** libri - **i** soldati - **i** quadri **gli** zii - **gli** studi - **gli** psichiatri – **gli** orologi	**le** penne - **le** mele - **le** scuole – **le** amache

Gli articoli *il* e *i* si usano davanti ai nomi maschili inizianti per consonante. Gli articoli *lo* e *gli* si usano davanti ai nomi maschili inizianti per vocale e per *s* + consonante, *x*, *y*, *z*, *gn*, *pn*, *ps* e *i* + vocale. L'articolo *lo* si apostrofa in *l'* davanti a vocale: *l'orologio*, *l'orso*, *l'uomo*.

Gli articoli indeterminativi

Gli articoli che, invece, si premettono a un nome per indicare **una persona o una cosa che non si vede o non si può precisare** si chiamano **articoli indeterminativi**. Gli articoli indeterminativi distinguono solo il maschile e il femminile e **non hanno il plurale**:

un gatto, **uno zaino**, **un uomo**, **una donna**, **una zanzara**...

	MASCHILE	FEMMINILE
singolare	**un** cane - **un** libro - **un** soldato - **un** quadro **uno** zio - **uno** psichiatra - **uno** yogurt - **uno** iato	**una** penna - **una** mela - **una** scuola – **un'**amaca

- L'articolo indeterminativo *un* si usa al posto di *uno* davanti a parole che iniziano per vocale o per una consonante diversa da *x*, *y*, *z*, *gn*, *pn*, *ps*, *s* + consonante e *i* + vocale. **Non si apostrofa mai.**
- L'articolo femminile *una* si può elidere davanti a una parola che inizia per vocale e quindi si può usare l'apostrofo: *un'isola*, *un'amica*.
- Quando si vuole indicare una parte imprecisata di qualcosa si usa davanti al nome l'articolo partitivo: Vorrei **del** *latte*; Ho fatto **dei** *brutti sogni*; Mi hanno regalato **delle** *rose rosse*.

4. Il nome

I **nomi** sono parole che servono per **designare le cose**, tutte quelle che esistono e tutte quelle che si possono pensare e immaginare: persone, animali, oggetti o cose, luoghi, azioni, fatti, idee, sentimenti:

uomo, **Alberto**, **gatto**, **occhiali**, **fiume**, **Sicilia**, **fata**, **gnomo**, **danza**, **gara**, **paura**...

I nomi comuni e i nomi propri

I **nomi** che indicano una persona o una cosa in **modo generico**, come **elementi qualsiasi** di una medesima categoria, sono **nomi comuni** e si scrivono con **l'iniziale minuscola**: **ragazzo**, **isola**, **cane**...

Invece, i nomi che indicano una **particolare** persona o cosa, **distinguendola** con il nome che le è proprio dagli altri della stessa categoria, si chiamano **nomi propri** e si scrivono con l'**iniziale maiuscola**: **Andrea**, **Cipro**, **Lassie**...

I nomi astratti e i nomi concreti

I **nomi concreti** indicano **esseri e cose reali**, che **si percepiscono attraverso i sensi**, si possono cioè vedere, udire, toccare, annusare, gustare: **cavallo**, **lampada**, **profumo**...

I **nomi astratti**, invece, indicano idee e concetti che **non hanno consistenza fisica**, e quindi non si percepiscono con i sensi: **fedeltà**, **speranza**, **gioia**...

Il genere dei nomi: maschile e femminile

In italiano **i nomi** possono essere di **genere maschile** o di **genere femminile**. In pratica:

- nei **nomi di cose**, la distinzione fra genere maschile e femminile è **puramente convenzionale**. In linea di massima:
  - i nomi che terminano in **-o** (il **giubbotto**, lo **scalpello**, il **viaggio**) → sono in genere **maschili**;
  - i nomi che terminano in **-a** (la **festa**, la **partita**, la **torta**) → sono in genere **femminili**;

- i nomi che terminano in **-e**, **-i**, **-u** → possono essere maschili o femminili: (la **gru** (F), il **pallone** (M), la **crisi** (F)...);
- i nomi che terminano in **consonante** (il **gol**, il **bar**, il **camion**) → sono in genere maschili;

■ nei **nomi** che indicano **persone o animali**, invece, il genere coincide con il **genere naturale**, cioè con il sesso dell'essere indicato:

il **padre**, il **sarto**, il **lupo**
la **madre**, la **sarta**, la **lupa**

Il passaggio dal nome maschile al nome femminile avviene mediante la **variazione della desinenza**, cioè della parte finale del nome:

- nomi maschili in **-o** → nomi femminili in **-a**: il gatt**o** → la gatt**a**;
- nomi maschili in **-a** → nomi femminili in **-essa**: il duc**a** → la duch**essa**;
- nomi maschili in **-e** → nomi femminili in **-a**: il signor**e** → la signor**a**;
- nomi maschili in **-e** indicanti professioni, cariche o nomi di animali → nomi femminili in **-essa**: il professor**e** → la professor**essa** l'elefant**e** → l'elefant**essa**;
- nomi maschili in **-tore** → nomi femminili in **-trice** (qualche volta in **-tora**): il presentatore → la presenta**trice**; l'impos**tore** → l'impos**tora**.

Attenzione! Alcuni nomi hanno per il maschile e femminile forme completamente diverse:

il padre / **la madre**; **il fratello** / **la sorella**; **il marito** / **la moglie**; **l'uomo** / **la donna**

Alcuni nomi presentano un'unica forma per maschile e femminile:

il maratoneta / **la maratoneta**; **il musicista** / **la musicista**; **il custode** / **la custode**

Il numero dei nomi: singolare e plurale

I nomi possono essere **singolari** (quando indicano una sola persona o cosa) o **plurali** (quando indicano più persone o cose): **la nonna** / **le nonne**; **il cavallo** / **la cavalla**; **la sedia** / **le sedie**.

- Per quello che riguarda il **passaggio dal singolare al plurale**, la maggior parte dei nomi sono **variabili** e formano il plurale **cambiando la desinenza**:

  il quaderno → **i quaderni**; **la penna** → **le penne**; **la chiave** → **le chiavi**

  In particolare:

  Nomi che terminano in **-a**: → plurale in **-i** se sono maschili (*il patriota / i patrioti*)
  → plurale in **-e** se sono femminili (*la carta / le carte*)

  Nomi che terminano in **-o**: → plurale in **-i** (*lo sbaglio / gli sbagli*) con alcune eccezioni: es. *l'uovo / le uova; il dito / le dita*

  Nomi che terminano in **-e**: → plurale in **-i** (*il mare / i mari*)

- I nomi **invariabili** hanno invece un'unica forma per il singolare e il plurale:

  il venerdì → **i venerdì**; **la città** → **le città**; **la diagnosi** → **le diagnosi**; **la moto** → **le moto**; **lo sport** → **gli sport**; **l'euro** → **gli euro**

- Taluni nomi, detti **difettivi**, sono **privi del singolare o del plurale**:

  il coraggio; **il latte**; **il sud**; **luglio** (**e tutti i nomi dei mesi**); **la gente**; **gli occhiali**; **le nozze**

- Alcuni nomi hanno un **plurale** del tutto **irregolare**:

  l'uomo → **gli uomini**; **il bue** → **i buoi**; **il dio** → **gli dèi**

I nomi primitivi, derivati, alterati e composti

I nomi, dal punto di vista della loro forma, si distinguono in:

- **primitivi**: i nomi che non derivano da nessun'altra parola, come **fiore**, **onore**, **coscienza**, **ragazzo**;
- **derivati**: i nomi che hanno preso origine da altri nomi, mediante aggiunta di **suffissi** o di **prefissi**, come **fiorista**, **disonore**, **incoscienza**;
- **alterati**: i nomi che, per effetto dell'aggiunta di apposito suffisso, indicano sfumature di significato delle parole, come **ragazzino**, **ragazzone**, **ragazzaccio**;
- **composti**: i nomi formati da due o più parole, come **pescecane**, **cassaforte**, **palcoscenico**, **portafoglio**.

5. L'aggettivo

Gli aggettivi sono parole che si "aggiungono" a un nome per **specificare una qualità** o **una caratteristica** o per **determinarlo** in modo più preciso:

In **questo** prato Selina ha raccolto fiori **stupendi**: **alcune piccole** margherite, **tre** fiori **azzurri** e **molti** papaveri. Sono i fiori che vedi in **quel grande** vaso sul **vecchio** mobile della sala.

Esistono due categorie di aggettivi → **QUALIFICATIVI** / **DETERMINATIVI**

Gli aggettivi qualificativi

Sono parole che si aggiungono al nome per qualificarlo, cioè per **precisarne una qualità** o **una caratteristica**.

Possono essere posti **prima o dopo il nome**, con cui devono **concordare in genere** (maschile/femminile) e **numero** (singolare/plurale):

un nuovo amico, **dei nuovi amici**, **una nuova amica**, **delle nuove amiche**...

In particolare:

- gli aggettivi con maschile singolare in **-o**: variano in genere e numero: nuov**o**, nuov**a** / nuov**i**, nuov**e**
- gli aggettivi con maschile singolare in **-a**: hanno un'unica forma al singolare, due forme distinte per maschile e femminile al plurale: ottimist**a** / ottimist**i**, ottimist**e**
- gli aggettivi con maschile singolare in **-e**: hanno una forma per il singolare, una forma per il plurale: intelligent**e** / intelligent**i**
- alcuni aggettivi hanno un'unica forma invariabile per entrambi i generi e i numeri: **pari**, **dispari**, **rosa**, **viola**

Gli aggettivi non esprimono solo la qualità di una persona o cosa (Laura è *alta*; Praga è una *bella* città): gli aggettivi possono anche esprimere in quale modo o misura data qualità è posseduta dalla persona o cosa cui l'aggettivo si riferisce.

Laura è **alta**.	Laura è **più alta** di Sabrina. Laura è **alta come** Amir. Laura è **meno alta** di Juan.	Laura è **la più alta** delle ragazze. Laura è **altissima**.

Gli aggettivi determinativi

Sono parole che aggiungono al nome cui si riferiscono una particolare precisazione o **determinazione**. Si distinguono in *possessivi*, *dimostrativi*, *indefiniti*, *numerali*, *interrogativi* ed *esclamativi*.

- **Gli aggettivi possessivi** indicano il **possessore** della cosa, persona o animale cui si uniscono.

persona	SINGOLARE		PLURALE	
	maschile	femminile	maschile	femminile
1ª sing.	mio	mia	miei	mie
2ª sing.	tuo	tua	tuoi	tue
3ª sing.	suo	sua	suoi	sue

persona	SINGOLARE		PLURALE	
	maschile	femminile	maschile	femminile
1ª plur.	nostro	nostra	nostri	nostre
2ª plur.	vostro	vostra	vostri	vostre
3ª plur.	loro	loro	loro	loro

Gli aggettivi possessivi variano per genere e per numero, tranne *loro* che è invariabile, e **concordano in genere e numero con il nome** cui si riferiscono: "Hai dimenticato il **tuo** quaderno a casa **mia**"; "**Nostro** padre è in viaggio per lavoro"; "La **vostra** insegnante oggi è assente"; "Anita è a passeggio con i **suoi** bambini e il **suo** cane"; "Asia e Giada sono in vacanza con i **loro** nonni".

- **Gli aggettivi dimostrativi** indicano la **posizione** nello spazio e nel tempo di qualcosa rispetto a chi parla o ascolta.

SINGOLARE		PLURALE		
maschile	femminile	maschile	femminile	
questo	questa	questi	queste	→ Vicino a chi parla
codesto	codesta	codesti	codeste	→ Vicino a chi ascolta
quello, quell', quel	quella, quell'	quegli, quei	quelle	→ Lontano da chi parla e da chi ascolta

Esempi: "**Quei** ragazzi sono molto generosi"; "**Quest'**estate andrò a trovare la mia famiglia in Romania"; "Riconosco che in **quell'**occasione non mi sono comportato molto bene"; "Puoi passarmi **codesto** libro?"; "**Questi** biscotti sono deliziosi!".

- **Gli aggettivi indefiniti** indicano in maniera imprecisa o generica la **quantità** o l'**identità** del nome cui si riferiscono. I più importanti sono: **molto**, **poco**, **troppo**, **tutto**, **alcuno**, **qualche**, **altro**, **nessuno** e **ciascuno**: "**Molti** ragazzi sono usciti prima"; "Non prendere **alcun** impegno per stasera"; "Ho **poca** stima di Fabrizio"; "Ivan è andato a vivere in un'**altra** città".

- **Gli aggettivi numerali** forniscono **precise informazioni di quantità numerica** circa il nome cui si riferiscono. Si distinguono in:
  - **cardinali**: indicano in modo preciso ed esplicito il numero delle persone o cose cui si riferiscono: **uno**, **due**, **tre**, **dieci**, **cento**, **mille**: **tre** cani, **due** cugini, **mille** idee;
  - **ordinali**: indicano il posto d'ordine che una persona o una cosa occupano in una serie o una scansione: **primo**, **secondo**, **terzo**, **decimo**, **centesimo**: **primo** tempo, **seconda** volta, **terza** fila.

- **Gli aggettivi interrogativi** chiedono, attraverso una domanda, la quantità (*quanto*) e l'identità (*che*, *quale*) del nome cui si riferiscono: "**Quanti** e-book hai sull'i-pad?"; "**Quale** colore preferisci?"; "**Che** novità ci sono?".

- **Gli aggettivi esclamativi** introducono un'esclamazione, sottolineando la qualità (*quale*, *che*) o la quantità (*quanto*) del nome cui si riferiscono: "**Quale** gioia vederti!"; "**Che** bella stellata!"; "**Quante** storie fai!"

6. Il pronome

I pronomi sono parole che sostituiscono un nome **per evitarne la ripetizione** o che possono stare al posto di un nome non espresso per indicare una persona (o animale o cosa) coinvolta in una situazione comunicativa:

Questo zaino è di mio fratello, mentre **quello** è il **mio**.

Quello e **mio** sono due pronomi. Evitano entrambi di ripetere la parola *zaino*:

Questo zaino è di mio fratello, mentre **quello** (= quello zaino) è il **mio** (= il mio zaino).

Se incontro Luigi, **lo** saluto da parte tua.

lo è un pronome. Evita di ripetere la parola *Luigi*:

Se incontro Luigi, **lo** (= Luigi) saluto da parte tua.

Il pronome può anche sostituire un verbo o un'intera frase: "Non ho ancora telefonato allo zio, ma di sicuro **lo** (= telefonerò allo zio) farò domani".

I pronomi si distinguono in: **personali**, **possessivi**, **dimostrativi**, **identificativi**, **indefiniti**, **relativi**, **interrogativi** ed **esclamativi**.

I pronomi personali

Indicano le persone che sono coinvolte nel discorso (*io*, *tu* ecc.) o che in esso sostituiscono i nomi. A seconda della funzione logica che svolgono i pronomi personali possono essere **soggetto**, quando rappresentano il soggetto della frase in cui sono, oppure **complemento**, quando invece costituiscono un complemento della frase.

PRONOMI PERSONALI SOGGETTO
io
tu
lui / egli (persone); **esso** (animali, cose)
noi
voi
loro (persone); **essi**, **esse** (animali, cose)

Esempi: "Mentre **loro** parlano, **io** preparo la cena"; "**Noi** andremo in vacanza in montagna. **Voi** che fate?"; "I cani sono animali splendidi. **Essi** ci mostrano spesso un affetto incondizionato".

PRONOMI PERSONALI COMPLEMENTO
Forme toniche o forti
me
te
lui, **esso** (sé)
lei, **essa** (sé)
noi
voi
loro, **essi** (sé)
loro, **esse** (sé)

PRONOMI PERSONALI COMPLEMENTO
Forme atone o deboli
mi
ti
lo - **gli** (= a lui) - **ne** (= di loro)
la - **le** (= a lei) - **ne** (= di loro)
ci
vi
li (= loro) - **ne** (= di loro)
le (= loro) - **ne** (= di loro)

Esempi: "La prossima volta dovete venire *con* **noi** (*complemento di compagnia*) al mare"; "Non posso credere che abbiano scelto proprio **me** (*complemento oggetto*) per la parte del protagonista"; "So che ho sbagliato: **ti** (*complemento oggetto*) prego, perdona**mi** (*complemento oggetto*)!"; "Ho incontrato Ardit e Paolo, **li** (*complemento oggetto*) ho chiamati ma non **mi** (*complemento oggetto*) hanno sentito"; "Telefona a Luisa, so per certo che **le** (*complemento di termine*) farà molto piacere"; "Ho contattato il responsabile del personale e **gli** (*complemento di termine*) ho inviato il mio curriculum.

I pronomi possessivi, dimostrativi, identificativi e indefiniti

Si presentano come gli aggettivi corrispondenti, però, anziché accompagnare un nome, lo sostituiscono: "La mia auto è dal meccanico, puoi prestarmi la **tua**?"; "Questi biscotti sono squisiti: posso averne un **altro**?"; "Se ne sono andati **tutti** a casa."; "Quel computer non funziona bene: è meglio se usi **questo**".

I pronomi relativi

I pronomi relativi non solo sostituiscono un nome di persona, animale o cosa, ma **congiungono in una sola frase due proposizioni** che hanno in comune tale nome. Possono costituire il soggetto o il complemento oggetto, oppure un diverso complemento indiretto della frase:

Ho assaggiato la marmellata. La mamma ha preparato *la marmellata* ieri.
→ Ho assaggiato la marmellata **che** la mamma ha preparato ieri.

Michael sta parlando con una ragazza. *La ragazza* è sua sorella.
→ La ragazza **con cui** sta parlando Michael è sua sorella.

	Pronomi relativi in forma di soggetto / complemento oggetto	Pronomi relativi in forma di complemento indiretto
Invariabili	**che**	**a cui**, **di cui**, **con cui** ecc.
Variabili	**il quale**, **la quale**, **i quali**, **le quali**	**del quale**, **della quale**, **dei quali**, **delle quali**; **al quale** ecc.

I pronomi interrogativi

Introducono **una domanda** rivolta sia direttamente sia indirettamente: "**Chi** sei?"; "Dimmi **chi** sei"; "Se vuoi dei libri, dimmi **quali** preferisci".

I pronomi interrogativi sono: **quale** (*quali*), **che cosa**, **quanto** (*quanta, quanti, quante*) e **chi** (invariabile).

I pronomi esclamativi

Introducono **un'esclamazione** sostituendo o sottintendendo il nome cui si riferiscono. I pronomi esclamativi presentano la stessa forma dei pronomi interrogativi: "**Chi** si vede!"; "**Che** sento!"

7. Il verbo

Il **verbo** è l'elemento essenziale della frase: fornisce informazioni sul soggetto della frase, precisando "cosa fa", "cosa subisce", "cosa è", "com'è". In pratica, esso indica l'**azione** compiuta o subita dal soggetto o un **modo di essere** e uno **stato** del soggetto della frase. Il verbo precisa anche:

- il **tempo** in cui il fatto enunciato si verifica (tempo passato, tempo presente, tempo futuro);
- le **modalità** in cui si verifica: fatto certo (modo indicativo), possibile (modo congiuntivo), ipotizzato (modo condizionale), ordinato (modo imperativo).

Esempi:

I ragazzi **giocano** in giardino.
Il gol **è stato annullato** dall'arbitro.
La professoressa Cecchi **è** la nostra nuova insegnante di chimica.
Le foglie degli alberi **diventano** gialle in autunno.
Filippo **è** a casa il sabato mattina.

Il verbo e le sue forme

Ogni verbo è formato da due parti:

cant *-o*
cant *-erai*
cant *-avano*

Radice
= esprime il significato del verbo (per lo più invariabile)

Desinenza
= dà informazioni su: (variabile)
- persona (1ª, 2ª, 3ª)
- numero (singolare / plurale)
- modo
- tempo

L'insieme delle forme che il verbo può assumere cambiando la desinenza si chiama **coniugazione**. In italiano esistono **3 coniugazioni**, che si distinguono **in base alla desinenza dell'infinito presente**:

- I coniugazione: **-are** (es. cant-are)
- II coniugazione: **-ere** (es. tem-ere)
- III coniugazione: **-ire** (es. scopr-ire)

La persona e il numero

Numero	Persona	Radice	Desinenza
Singolare	1ª (io) 2ª (tu) 3ª (lui / lei / egli / ella)	cant- cant- cant-	-o -i -a
Plurale	1ª (noi) 2ª (voi) 3ª (loro / essi)	cant- cant- cant-	-iamo -ate -ano

I modi

In base alla funzione, i **modi** del verbo si dividono in:

MODI FINITI	MODI INDEFINITI
esprimono la persona a cui si riferiscono: io, tu, egli ecc. • Indicativo: *io leggo, noi abbiamo letto* • Congiuntivo: *che tu legga, che essi leggessero* • Condizionale: *egli leggerebbe, voi leggereste* • Imperativo: *leggi!*	*non precisano la persona a cui si riferiscono* • Infinito: *leggere, avere letto* • Participio: *leggente, letto* • Gerundio: *leggendo, avendo letto*

In base al **modo**, l'azione del verbo può essere presentata:

- come qualcosa di **certo e sicuro** → modo **indicativo**: "**Andrò** al mare";
- come un'**ipotesi** o **qualcosa che ci auguriamo che accada** → modo **congiuntivo**: "Credo che Gigi **sia andato** al mare"; "Oh, magari **andassi** al mare quest'anno!";
- come qualcosa di **possibile**, solo **a determinate condizioni** → modo **condizionale**: "Se non piovesse, **andrei** una giornata al mare";
- come un **ordine**, un comando, un'esortazione → modo **imperativo**: "**Vai** al mare quest'estate, ti **farà** bene!".

I tempi

Il **tempo** del verbo esprime il momento in cui avviene l'evento (azione o situazione) espresso dal verbo. I tempi sono tre:

- **passato**: **io ho amato**, **io amavo**, **io amai**;
- **presente**: **io amo**;
- **futuro**: **io amerò**.

In base alla forma che presentano i verbi si distinguono in:

- tempi **semplici**, costituiti da una sola parola: radice del verbo + desinenza (**cammino**, **camminavo**, **camminerò** ecc.);
- tempi **composti**, costituiti a due parole: ausiliare (*essere* / *avere*) + participio passato del verbo (**ho camminato**, **avrei camminato**, **avrò camminato** ecc.).

Verbi transitivi e intransitivi

I verbi possono essere transitivi o intransitivi. I verbi transitivi indicano **un'azione che passa direttamente su qualcuno**, hanno cioè un complemento oggetto: "Valeria **scrive** una lettera".

I verbi intransitivi sono verbi, ma esprimono **azioni che si esauriscono nel soggetto e non passano su niente e nessuno**: "Guido **piange**"; "Elena **dorme**"; "Anna **ride**".

La forma attiva, passiva e riflessiva

I verbi, a seconda del modo in cui coinvolgono il soggetto nell'azione, possono avere forma **attiva**, **passiva** o **riflessiva**:

Andrea **lava** la sua auto.
↓
Il soggetto (*Andrea*) **compie l'azione** rivolta a un oggetto (*la sua auto*): il verbo ha **forma attiva**.

Ieri i piatti **sono stati lavati** dal papà.
↓
Il soggetto (*i piatti*) **subisce l'azione** di *essere lavato*: il verbo ha **forma passiva**.

Mirko **si lava**.
↓
Il soggetto (*Mirko*) **compie un'azione su se stesso**: il verbo ha **forma riflessiva**.

I verbi impersonali

I verbi indicanti **fenomeni atmosferici**, come *piovere*, *tuonare*, *nevicare*, *grandinare*, sono **verbi impersonali**: non hanno soggetto e si adoperano solamente alla 3ª persona singolare nei modi finiti e nei modi indefiniti: "**Piove**, **tuona**, **lampeggia**: che bufera!"

I verbi ausiliari

I verbi **essere** e **avere "aiutano" gli altri verbi a formare i tempi composti e la forma passiva** e sono perciò detti **ausiliari**.

In pratica, il verbo *essere*, oltre che per formare la forma passiva ("Io **sono amato**") si usa per formare i tempi composti della maggior parte dei verbi intransitivi ("Io **sono andato**") e dei verbi riflessivi ("Io **mi sono lavato**").

Il verbo *avere* si usa per formare i tempi composti dei verbi transitivi ("Io **ho mangiato**") e di alcuni verbi intransitivi ("Io **ho viaggiato** in treno"; "Laura **ha urlato**").

I verbi servili

I verbi servili – **dovere**, **potere** e **volere** – sono verbi "di servizio", che si uniscono a un verbo all'infinito per dare all'azione da loro espressa un particolare significato di:

- **necessità**: i giocatori si allenano → i giocatori **devono** allenarsi
- **possibilità**: i genitori assistono alla gara → i genitori **possono** assistere alla gara
- **volontà**: imparo una lingua straniera → **voglio** imparare una lingua straniera

8. L'avverbio

Gli **avverbi** sono parole che accompagnano altre parti del discorso (verbi, ma anche aggettivi, nomi, altri avverbi o un'intera frase) per completarne il significato, qualificandoli o precisandoli: "Il treno è partito **lentamente**"; "Claudio è un ragazzo **molto** altruista"; "Ho risposto **subito** al tuo messaggio"; "**Non** devi preoccuparti per me"; "Amo la musica, **soprattutto** il rock".
Gli avverbi sono sempre **invariabili** e quindi non concordano con alcun elemento della frase: "Anna è **molto** contenta", "Vincenzo e Paolo sono **molto** contenti".

Gli **avverbi** si distinguono in:

- **avverbi qualificativi** o **avverbi di modo**: indicano **in che modo** si compie l'azione espressa dal verbo o, se accompagnano un aggettivo o un altro avverbio, come va intesa la qualità da essi espressa: "Laura ha esposto **chiaramente** la sua opinione"; "Camilla ha accettato **volentieri** il nostro invito"; "Il tuo atteggiamento è **chiaramente** ostile"; "Il bambino dormiva **bocconi**".

  I più importanti sono:
  - la maggior parte delle parole in **-mente**: *sicuramente*, *onestamente*, *velocemente* ecc.;
  - le parole in **-oni**: *balzelloni*, *penzoloni*, *carponi*, *bocconi*;
  - le parole come *bene*, *male*, *invano*, *volentieri*, *davvero*, *soltanto*: "Questa notte ho dormito **male**";
  - gli aggettivi qualificativi *forte*, *piano*, *giusto*, *lontano*, *vicino*, *chiaro* nella forma invariabile del maschile singolare: "Parlate **piano**";

- **avverbi di tempo**: indicano **il momento** in cui avviene un'azione o si verifica un fatto: "**Adesso** devo uscire"; "Ci vediamo **stasera**"; "Mi vedo **spesso** con Pamela".
  I più importanti sono: *ora, allora, adesso, ormai, subito, sempre, spesso, ancora, prima, dopo, mai, presto, tardi; oggi, ieri, domani, stasera, stanotte*;
- **avverbi di luogo**: indicano **il luogo** dove avviene un fatto o dove si trova qualcuno o qualcosa: "**Qui** piove"; "**Fuori** fa freddo"; "Vai **avanti** tu".
  I più importanti sono: *qui, qua, quassù, là, lì, dappertutto, dentro, fuori, dietro, davanti, sopra, sotto, su, giù*. Sono avverbi di luogo anche gli aggettivi *lontano* e *vicino* quando accompagnano un verbo: "I miei nonni abitano **lontano**";
- **avverbi di quantità**: indicano **la quantità** o **la misura** di quanto è espresso dal verbo, dall'aggettivo o dall'avverbio che accompagnano: "Sergio è **molto** simpatico"; "Non ti impegni **abbastanza**"; "Antonio mi manca **tanto**"; "Questa moto costa **più** della mia".
  I più importanti sono:
  - gli aggettivi *molto* e *moltissimo, poco* e *pochissimo, parecchio, tanto, tantissimo, più, meno, troppo*, quando, in forma invariabile maschile singolare, accompagnano un verbo, un aggettivo o un avverbio: "Questo vestito costa **troppo**"; "Non mi sembri **molto** soddisfatta"; "Oggi mi sento **poco** bene".
  - le parole come *abbastanza, assai, almeno, quasi, minimamente, assolutamente, per niente, all'incirca*: "Io e Paolo abbiamo **quasi** la stessa età"; "La tua battuta è **assolutamente** fuori luogo";
- **avverbi di valutazione**: esprimono **una valutazione** o **un giudizio**, affermando, negando o mettendo in dubbio qualcosa: "Questo libro è **davvero** interessante"; "**Non** parlo con te".
  I più importanti sono:
  - gli avverbi di affermazione, come *certamente, sicuramente, davvero, sì*;
  - gli avverbi di negazione, come *non, neppure, nemmeno*;
  - gli avverbi di dubbio, come *forse, probabilmente, eventualmente*;
- **avverbi interrogativi ed esclamativi**: sono usati per introdurre **una domanda diretta**, che può riguardare il modo (*come?*), il luogo (*dove?*), il tempo (*quando?*), la quantità (*quanto?*) o la causa (*perché?*) di un'azione. Quando sono usate per esprimere **stupore** o **commozione**, le stesse parole sono avverbi esclamativi: "**Come** sei bella oggi!"; "**Quanto** ho riso ieri sera!".

Funzione e valore di avverbi hanno anche le **locuzioni avverbiali**, che sono espressioni formate da più parole che esprimono indicazioni circa il modo (*di corsa, a piedi, in fretta*), il tempo (*per sempre, in futuro, una volta, fra poco*), il luogo in cui avviene un'azione (*di qua, di là, di sotto, di sopra, da lontano*), oppure forniscono indicazioni circa la quantità di quanto è espresso dalle parole che accompagnano (*di più, per niente, più o meno, all'incirca*) oppure esprimono una valutazione intorno a qualcosa (*di certo, senza dubbio, di sicuro, neanche per sogno, quasi quasi*).

9. Le preposizioni

Le **preposizioni** sono parti invariabili del discorso che si mettono **prima di una parola** (nome o verbo all'infinito) **per collegarla a un'altra:** "Ho fatto una torta **di** mele"; "Questo fine settimana andremo **in** montagna"; "Non vedo l'ora **di** sciare"; "Domenica siamo stati **allo** stadio"; "**Durante** lo spettacolo è squillato un cellulare"; "Non andartene **senza** salutarci".

Le preposizioni:

- **davanti a un nome o a un pronome** → introducono i complementi indiretti:
  "Sono uscito **con** *Sheila*"; "Sto tornando **a** *casa* **dal** *supermercato*"; "Il gatto si nasconde sempre **sotto** il *letto*";
- **davanti a un verbo all'infinito** → introducono una proposizione subordinata:
  "Sono uscita **per** *comprare il pane*"; "Non dimenticare **di** *spegnere le luci*";" "Non sono così sciocco **da** *rimandare l'appuntamento*".

Le preposizioni si distinguono in:

- **preposizioni proprie**:
  - semplici: *di, a, da, in, con, su, per, tra, fra;*
  - articolate: *del, degli, allo, sul, al, sui, nei, dal* ecc.;
    (esse sono formate dalle *preposizioni semplici* + *gli articoli determinativi il, lo, l', la, i, gli, le*);
- **preposizioni improprie**: sono parole che hanno funzioni grammaticali diverse (sono avverbi, aggettivi o verbi), ma che quando sono premesse a un nome **funzionano come preposizioni** e introducono un complemento indiretto. In particolare, possono funzionare da preposizioni improprie:
  - avverbi, come *dietro, dentro, sopra, sotto, dopo*: "Il pacco è **sopra** l'armadio"; "Arriviamo **dopo** pranzo";
  - aggettivi, come *lungo, vicino, secondo*: "Abbiamo fatto una passeggiata **lungo** il fiume";
  - parole (per lo più participi presenti o passati), come *durante, mediante, nonostante, eccetto, escluso*: "Ci saremo tutti **eccetto** mia sorella";
  - forme particolari, come *senza*: "Non uscire **senza** cappotto".

10. Le congiunzioni

Le congiunzioni sono parti invariabili del discorso che **collegano due o più parole** di una proposizione **o due o più proposizioni** di un periodo:

Franco **e** *Gigi* sono ottimi amici.
↓
la congiunzione ***e*** unisce due nomi

Siamo andati in biblioteca **e** *abbiamo studiato* per l'esame di chimica.
↓
la congiunzione ***e*** unisce due proposizioni

Le congiunzioni possono essere:

→ **coordinanti**: uniscono due parole o due proposizioni **mettendole sullo stesso piano**: "Ho comprato *una maglia* **e** *una gonna*"; "*Ho mangiato* un panino **e** *ho bevuto* un tè freddo";

→ **subordinanti**: uniscono due proposizioni **mettendole una alle dipendenze dell'altra**: "*Ho portato* l'auto dal meccanico **perché** *aveva* un problema al motore".

Le congiunzioni coordinanti

Le **congiunzioni coordinanti** si distinguono in:

- **copulative**: uniscono due elementi **accostandoli** in senso affermativo o negativo: *e, anche, inoltre, né, neanche, nemmeno*: "Non è arrivato **né** ha telefonato";
- **disgiuntive**: collegano due elementi **mettendoli in alternativa** uno all'altro: *o, oppure, altrimenti*: "Possiamo uscire **o** restare a casa";
- **avversative**: congiungono due elementi che **si contrappongono** l'uno all'altro: *ma, tuttavia, però, anzi*: "Quel cappotto è bello **ma** costoso";
- **conclusive**: uniscono due elementi di cui il secondo esprime **una conseguenza** rispetto al primo: *dunque, quindi, pertanto, perciò, allora*: "Si è fatto tardi **perciò** dobbiamo tornare a casa";
- **esplicative** o **dichiarative**: introducono una parola o una frase che **spiega o precisa** ciò che si è detto in precedenza: *cioè, infatti, vale a dire*: "Mio zio, **cioè** il fratello di mio padre, vive a Istanbul";
- **correlative**: uniscono due parole o frasi mettendole **in corrispondenza**: *né... né; sia... sia; non solo... ma anche...* : "**Sia** Paolo **sia** Luigi verranno alla nostra festa".

Le congiunzioni subordinanti

Le **congiunzioni subordinanti** si distinguono in:

- **finali**: introducono **lo scopo** dell'azione espressa nella proposizione reggente: *perché****, *affinché*: "Ti ho avvisato **affinché** tu possa arrivare in tempo";
- **causali**: introducono **la causa** dell'azione espressa nella proposizione reggente: *perché****, *poiché, dato che, dal momento che, in quanto*: "Mi sono alzato presto **perché** ho un mucchio di cose da fare";
- **consecutive**: introducono **la conseguenza** di quanto è espresso nella proposizione reggente: *(tanto)... che, (così)... che, (in modo tale)... che*: "È stato **così** gentile **che** non saprò proprio come ringraziarlo";
- **temporali**: introducono **il momento** in cui avviene ciò che è espresso nella proposizione reggente: *quando****, *mentre****, *finché, appena, prima che, dopo che, ogni volta che*: "**Quando** è arrivato Lorenzo la festa è iniziata"; "**Mentre** ti aspettavo, ho letto tutto il libro";
- **dichiarative:** introducono un elemento che **precisa o spiega** quanto detto nella proposizione reggente: *che*: "Il comune informa **che** sono disponibili i buoni pasto per la mensa";
- **concessive**: introducono **la circostanza nonostante la quale** avviene il fatto espresso nella reggente: *sebbene, nonostante, benché, anche se*: "**Anche se** sono molto stanco, verrò al cinema con te";
- **condizionali**: introducono **la condizione** da cui dipende l'evolversi della situazione espressa nella reggente: *se****, *qualora, a condizione che, purché, a patto che*: "**Se** vieni anche tu ci divertiremo di più";
- **avversative**: introducono **il fatto contrario** a quello espresso nella reggente: *mentre****, *quando****, *laddove*: "Sei ancora in pigiama, **mentre** dovresti essere già pronto per uscire";
- **dubitative**: introducono **un dubbio** in forma indiretta: *se****: "Non so **se** andare a piedi o prendere l'autobus";
- **interrogative**: introducono **una domanda** in forma indiretta: *come, perché****, *quando****, *quanto*: "Mi chiedo **come** riusciremo a finire il lavoro per domani".

Attenzione! Le congiunzioni subordinanti ***perché*****, ***quando*****, ***mentre***** e ***se***** possono avere **funzioni diverse**.

SINTASSI

11. La frase semplice

La **frase semplice** è un insieme di parole di senso compiuto organizzate intorno a **un verbo**:
Pierluigi **gioca**.
Pierluigi **gioca** a basket ogni pomeriggio insieme ai suoi amici.

Entrambi gli esempi sono frasi semplici, perché hanno senso compiuto e sono costruite intorno a un unico **verbo**, cioè un solo **predicato**; in entrambi i casi, inoltre, è espressa **la persona che compie l'azione** del predicato, cioè il **soggetto**.

La frase minima

La frase semplice può essere più o meno lunga, a seconda delle parti che la compongono. La forma più breve di frase semplice si chiama **frase minima** ed è composta soltanto degli **elementi strettamente necessari** per dare alla frase un senso compiuto: un **soggetto** e un **predicato** o, come meglio si dice, un verbo con **"argomenti"**, di cui il più importante è il **soggetto**.

- La frase minima costituita dal soggetto e dal verbo è detta frase minima "**a un argomento**":
  Il cane abbaia.
- La frase minima in cui il verbo per avere un senso compiuto ha bisogno oltre che del soggetto anche di un complemento oggetto o di un complemento di termine si dice frase minima "**a due argomenti**":
  Paolo accarezza **il gatto** (la frase "Paolo accarezza"??? non ha senso)
  Le vacanze piacciono **a tutti** (la frase "Le vacanze piacciono"??? non ha senso).
- Esistono frasi minime anche "**a tre argomenti**":
  Marco ha regalato **un computer al fratellino**.
- E frasi minime "**a zero argomenti**", frasi in cui il verbo non ha bisogno neppure del soggetto per avere un senso compiuto:
  Nevica.

Il soggetto

Il **soggetto** è l'elemento della frase di cui il predicato dice qualcosa e può indicare la persona, l'animale o la cosa che:

- **compie un'azione**: "**Barbara** passeggia nel parco";
- **subisce un'azione**: "**Le piante** sono state innaffiate dal giardiniere";
- **si trova in un certo stato**: "**Le aiuole** sono in perfetto ordine";
- **ha una particolare caratteristica**: "**Il profumo** dei fiori è intensissimo".

Il predicato

Il **predicato** è l'elemento della frase che dice ("predica") qualcosa a proposito del soggetto. Può essere di **due tipi**: **verbale** e **nominale**.

- il **predicato verbale** è il predicato costituito da qualsiasi verbo – attivo, passivo o riflessivo – fornito di significato compiuto e quindi in grado di indicare:
  - un'**azione compiuta** dal soggetto: "Pallina **ama** la vita tranquilla";
  - un'**azione subita** dal soggetto: "Pallina **è stata portata** dal veterinario";
  - una **qualità** o un **modo di essere** del soggetto: "Pallina **è triste**";
  - una **situazione** in cui il soggetto si trova: "Pallina **è** (= "si trova") sul divano";

- il **predicato nominale** è il predicato costituito da una voce del verbo **essere** (detta *copula*) e da un **aggettivo** o un **nome** che, **insieme**, "predicano" qualcosa intorno al soggetto, indicandone:
  - una **qualità**: "Il pane **è caldo**";
  - uno **stato**: "Francesco **è malato**";
  - una **caratteristica** che lo individua o determina, come l'appartenenza a una determinata categoria: "Mia zia **è insegnante**"; "Le graminacee **sono piante**"; "Le balene **sono mammiferi**".

L'espansione della frase minima

La frase costituita solo dal soggetto e dal verbo con tutti gli "argomenti" indispensabili per dare alla frase un significato compiuto **può espandersi arricchendosi di altri elementi** che non sono strettamente necessari ma che **forniscono ulteriori informazioni riguardo al soggetto o al predicato**: i **complementi**, l'**attributo** e l'**apposizione**.

I complementi

I complementi sono elementi che espandono la frase arricchendola di particolari. I più importanti sono:

- il **complemento oggetto**: indica la persona, l'animale o la cosa su cui ricade direttamente l'azione espressa dal verbo e risponde alle domande **chi? che cosa?**: "La mamma ha preparato **le lasagne**";
- il **complemento di specificazione**: specifica o precisa il significato generico di un nome e risponde alle domande **di chi? di che cosa?**: "Questo libro è **di Antonio**";
- il **complemento di termine**: indica la persona, l'animale o la cosa a cui è rivolta o destinata e su cui "termina" l'azione espressa dal verbo e risponde alle domande **a chi? a che cosa?**: "**A me** nessuno ha detto niente";
- il **complemento d'agente** o **di causa efficiente**: indica l'essere vivente (d'agente) o inanimato (di causa efficiente) da cui viene compiuta l'azione espressa da un verbo di forma passiva e rispondono alle domande **da parte di chi? ad opera di chi? ad opera di che cosa?**: "I ragazzi sono stati ricevuti **dal preside**"; "Il tiro è stato respinto **dal palo**";
- il **complemento di causa**: indica il motivo per il quale si verifica o non si verifica ciò che è espresso dal verbo e risponde alle domande **per quale motivo? a causa di chi? a causa di che cosa?**: "Carlotta è stata premiata **per la sua pazienza**"; "In questa stanza si muore **di caldo**";
- il **complemento di fine** o **scopo**: indica il fine o lo scopo in vista del quale si compie un'azione e risponde alle domande **per quale fine? con quale scopo?**: "Lavoriamo **per l'allestimento** dello spettacolo";
- il **complemento di mezzo** o **strumento**: indica lo strumento (essere vivente o oggetto) per mezzo del quale viene compiuta l'azione o avviene il fatto espresso dal verbo e risponde alle domande **per mezzo di chi? per mezzo di che cosa?**: "Ho avuto la notizia **tramite la tua vicina di casa**"; "Hai chiuso **a chiave** il portone?";
- il **complemento di modo** o **maniera**: indica il modo in cui si svolge un'azione o si verifica una circostanza e risponde alle domande **come? in che modo?**: "Camilla si esercita al pianoforte **con impegno**";
- il **complemento di compagnia**: indica l'essere animato con cui ci si trova in una certa situazione o si compie o si subisce una certa azione e risponde alla domanda **in compagnia di chi?**: "Matilde è andata in vacanza **con Stefano**";
- i **complementi di tempo**: indicano le diverse circostanze di tempo in cui può svolgersi l'azione o può verificarsi la situazione espressa dal verbo e rispondono alle domande **quando? in quale momento? per quanto tempo?**: "**L'anno prossimo** Alessandro compirà diciotto anni"; "Laura e Paolo hanno giocato a tennis **per due ore**";

- i **complementi di luogo**: indicano i luoghi in cui si verifica l'azione o la situazione espressa dal verbo e rispondono alle domande **dove? in quale luogo? verso dove? da dove? da quale luogo? per dove? attraverso quale luogo?**: "Ho lasciato il libro **sul tavolo**"; "La partenza **per Bologna** è stata rimandata"; "È uscito **di casa** un'ora fa"; "I ladri sono passati **per la cantina**".

L'attributo e l'apposizione

I nomi contenuti nella frase possono essere espansi e arricchiti da **attributi** e **apposizioni**:
- l'**attributo** è un **aggettivo** che si unisce a un nome della frase per precisarlo attribuendogli una qualità o una caratteristica: "Le vacanze **estive** sono finalmente iniziate"; "Vorrei **due** caffè **freddi**"; "A **mia** sorella piacciono i colori **caldi**";
- l'**apposizione** è **un nome** che si unisce a un altro nome della frase per meglio determinarlo, indicandone una caratteristica, una carica o una professione: "La **dottoressa** Grimaldi riceve il lunedì"; "Il **fiume** Tevere nasce dal monte Fumaiolo"; "Lo **zio** Franco è partito".

12. La frase complessa

La **frase complessa** o **periodo** è **un insieme di due o più proposizioni collegate tra loro** in una struttura linguistica dotata di **senso unitario** e **chiusa tra due segni di punteggiatura** forte. Un periodo è costituito da **tante proposizioni quanti sono i predicati** (verbali o nominali) che contiene.

Ieri **sono stato** al mare **e** **ho fatto** una bella corsa sul bagnasciuga. = periodo di due proposizioni

Domani ti **porterò** il libro che **ho letto** quando **ero** in vacanza. = periodo di tre proposizioni

Una delle proposizioni del periodo può esistere anche da **sola**, senza le altre, e, poiché è l'**elemento portante** del periodo, è detta **proposizione principale** o *reggente*:

Sono andato al cinema.

Le **altre proposizioni** del periodo, invece, **non sono mai autonome** e possono esistere – hanno un senso – solo se **si collegano a una proposizione principale che le regge**. Il collegamento può avvenire in due modi:

→ per **coordinazione** (o *paratassi*), quando le proposizioni sono collegate da una congiunzione coordinante (*e*, *o*, *oppure*, *ma*, *tuttavia*, *perciò*, *dunque*) che le pone sullo stesso piano della principale. Le proposizioni collegate per coordinazione si chiamano **coordinate**:

Sono andato al cinema **e ho visto un bel film.**

↓ proposizione principale ↓ proposizione coordinata alla principale

→ per **subordinazione** (o *ipotassi*), quando le proposizioni sono collegate mediante una congiunzione subordinante (*perché*, *quando*, *mentre*, *finché*, *sebbene*, *benché*, *se*) o mediante un altro elemento subordinante (un pronome interrogativo, un avverbio) che le pone **in dipendenza** dalla principale. Le proposizioni collegate per subordinazione si chiamano **subordinate** (o *dipendenti*):

Sono andato al cinema → proposizione principale

perché avevo il pomeriggio libero. → proposizione subordinata

La **proposizione subordinata** (o *dipendente*) è una proposizione che **espande** e **arricchisce** il significato di una proposizione indipendente. La **proposizione subordinata** retta dalla proposizione principale si chiama **subordinata di 1° grado**:

Le squadre avevano giocato fino alla fine → proposizione principale che regge la subordinata di 1° grado

benché piovesse a dirotto. → subordinata di 1° grado che viene retta dalla proposizione principale

Una subordinata, però, può dipendere anche **da un'altra proposizione a sua volta subordinata**. In tal caso, la subordinata di grado superiore (per esempio, di 1° grado) ha un doppio ruolo: è subordinata nei confronti della principale, ma è reggente nei confronti della subordinata che regge e che si chiama **subordinata di 2° grado**. Da una subordinata di 2° grado, può, poi, dipendere una **subordinata di 3° grado** e così via:

Vado da Andrea → proposizione principale che regge la subordinata di 1° grado

per restituirgli la racchetta → proposizione subordinata di 1° grado che regge la subordinata di 2° grado

che mi ha prestato → proposizione subordinata di 2° grado che regge la subordinata di 3° grado

per giocare a tennis con Elena. → proposizione subordinata di 3° grado

Le proposizioni coordinate

Le **proposizione coordinate** sono proposizioni che pongono due azioni o due eventi sul medesimo piano. Esse possono essere di diversi tipi, a seconda del tipo di **congiunzione coordinativa** che le introduce:

- **coordinate copulative**: sono introdotte da una congiunzione copulativa (*e*, *né*), affermativa (*e*) o negativa (*né*) che **le unisce quasi sommandole**: "Siamo andati al ristorante ***e*** **abbiamo mangiato molto bene**"; "Non so quando sia uscita ***né*** **dove sia andata**";
- **coordinate disgiuntive**: sono introdotte da una congiunzione disgiuntiva (*o*, *oppure*) che **le lega ponendole in alternativa**: "Per la festa, Lia porterà delle bibite ***o*** **farà una torta salata**"; "Oggi andremo a pattinare ***oppure*** **faremo un tuffo in piscina**";
- **coordinate avversative**: sono introdotte da una congiunzione avversativa (*ma*, *però*, *eppure*, *tuttavia*, *nondimeno*), che le lega **ponendole in contrapposizione**: "Ho chiamato Amir, ***ma*** **era già uscito**"; "Questa racchetta è un po' cara, ***però*** **è veramente leggera**";
- **coordinate esplicative**: sono introdotte da una congiunzione esplicativa (*cioè*, *ossia*, *vale a dire*), che le lega segnalando che **la seconda spiega o precisa la prima**: "La fitologia, ***cioè*** **la scienza che studia le piante**, mi appassiona"; "Dobbiamo aiutare Antonio, ***vale a dire*** **dobbiamo proprio convincere suo padre**";
- **coordinate conclusive**: sono introdotte da una congiunzione conclusiva (*dunque*, *perciò*, *pertanto*, *quindi*), che le lega stabilendo tra loro **un rapporto di conseguenza**: "La festa di stasera è piuttosto elegante, ***perciò*** **metterò la giacca scura**"; "Ho commesso uno sbaglio, ***quindi*** **è giusto che ne accetti le conseguenze**";

- **coordinate correlative**: sono introdotte da congiunzioni correlative (*e... né, né... né, o... o, non solo... ma anche, sia... sia*), che le legano strettamente facendo in modo che **l'una richiami direttamente l'altra**: "**Né** ha scritto **né ha telefonato**"; "Alina **non solo** scia benissimo, **ma ha anche vinto i campionati regionali**".

Le proposizioni subordinate

Le **proposizioni subordinate** sono proposizioni che **espandono e arricchiscono** il significato di una proposizione. Esse, dal punto di vista della **forma**, possono essere:

- **esplicite,** quando hanno un verbo **di modo finito** (indicativo, congiuntivo o condizionale);
- **implicite**, quando hanno un verbo **di modo non finito** (infinito, participio, gerundio):

Claudia sostiene **che non sa niente**. (forma esplicita)
Claudia sostiene **di non sapere niente**. (forma implicita)

La nonna stira **mentre guarda la tv**. (forma esplicita)
La nonna stira **guardando la tv**. (forma implicita)

A seconda della funzione che svolgono, le subordinate possono essere:

- **subordinate finali**: indicano il fine o lo scopo dell'azione espressa nella proposizione reggente: "Farò di tutto **perché tu sia felice**";
- **subordinate causali**: indicano la causa o la ragione dell'azione o della situazione espressa nella reggente: "Restammo al freddo **perché si era guastata la caldaia**";
- **subordinate consecutive**: indicano la conseguenza o l'effetto di quanto viene detto nella reggente: "Marta è così bella **che le sta bene qualsiasi pettinatura**";
- **subordinate temporali**: indicano quando si verifica, si è verificato o si verificherà quanto è detto nella reggente: "**Quando non ci sei**, il micio è sempre triste";
- **subordinate concessive**: indicano la circostanza nonostante la quale avviene il fatto o l'azione espressa nella reggente: "**Benché sia tardi**, non ho sonno";
- **subordinate modali**: indicano il modo in cui avviene l'azione o si realizza la circostanza espressa nella reggente: "Ho cucinato il pesce **come mi avevi suggerito tu**";
- **subordinate strumentali**: indicano il mezzo con cui si può o non si può realizzare quanto è espresso nella reggente: "**A forza di insistere**, l'abbiamo convinto";
- **subordinate soggettive**: fanno da soggetto al predicato della reggente: "È evidente **che sei triste**";
- **subordinate oggettive**: fanno da complemento oggetto al predicato della reggente: "Tutti vogliono **che tu sia presente**";
- **subordinate dichiarative**: chiariscono un elemento contenuto nella reggente: "Questo mi preoccupa, **che Marina sottovaluti il problema**";
- **subordinate interrogative indirette**: esprimono una domanda in forma indiretta: "Dimmi **chi ha telefonato**";
- **subordinate relative**: completano il senso del periodo determinando o espandendo un nome della reggente cui sono collegate mediante una forma relativa: "Voglio conoscere il ragazzo **con cui esci**".

STRUMENTI DI APPRENDIMENTO FACILITATO

PREMESSA per lo STUDENTE

In questa sezione troverai delle **SCHEDE** che ti aiuteranno a:

- **memorizzare** gli argomenti più difficili
- **acquisire un metodo** per analizzare la morfologia e la sintassi dell'italiano
- **evitare gli errori** più frequenti

Per rendere lo studio ancora più efficace, puoi:

- **usare colori**, **simboli** o **immagini** di tua scelta per evidenziare i concetti visualizzati nelle MAPPE e nelle TAVOLE
- **copiare** sul quaderno le **MAPPE di analisi** e poi completarle inserendo una **X** nelle caselle opportune oppure scrivendo le informazioni mancanti.

INDICE

’ L’apostrofo

Si usa SEMPRE con

			Esempi
LO e LA	+ AEIOU / H	= L’	l’amico, l’hotel
ALLO - ALLA DELLO - DELLA NELLO - NELLA SULLO - SULLA	+ AEIOU / H	= ALL’ = DELL’ = NELL’ = SULL’	all’amico dell’estate nell’hotel sull’abete
QUELLO e QUELLA	+ AEIOU / H	= QUELL’	quell’amico, quell’hotel
BELLO, GRANDE, SANTO	+ AEIOU / (H)	= BELL’	bell’amico, bell’hotel
BUONA ALCUNA CIASCUNA NESSUNA	+ AEIOU Nome femminile	= BUON’ = ALCUN’ = CIASCUN’ = NESSUN’	buon’amica alcun’amica ciascun’amica nessun’amica
ANCHE	+ Pronome personale IO, EGLI, ESSA, ESSO	= ANCH’	anch’io, anch’essa
UN PO’			sono un po’ stanco
Imperativi	DA’ (= dai) DI’ (= da *dire*)		Marco, da’ la penna a Gianni! Marco, di’ la verità!

NON si usa MAI con

		Esempi
(UN~~O~~)	UN	un amico
(QUAL~~E~~)	QUAL	qual è
(TAL~~E~~)	TAL	tal amico

´ ` L'accento

Si mette SEMPRE su		Esempi
ULTIMA SILLABA delle parole tronche		citt**à**, perch**é**, colp**ì**, and**ò**, virt**ù**
MONOSILLABI con 2 VOCALI (= parole con 1 sillaba)		gi**à**, pi**ù**, ci**ò**, gi**ù**
COMPOSTI di	**TRE** **RE** **SU** **DÌ** (= giorno)	trenta**tré** vice**ré** quas**sù** lune**dì**
DÀ (= dare) Marco **dà** la penna a Gianni	≠	**DA (preposizione)** Marco è tornato **da** scuola
LÀ (avverbio) Marco vi aspetta **là**	≠	**LA (pronome/articolo)** Marco non **la** vedeva da tempo
NÉ (congiunzione) Marco non vuole **né** festa, **né** regali	≠	**NE (pronome)** Marco non **ne** sapeva nulla
SÉ (pronome) Marco ha portato il libro con **sé**	≠	**SE (preposizione)** Marco verrà **se** tornerà presto
TÈ (nome) Marco ama bere il **tè**	≠	**TE (pronome)** Marco vuole parlare con **te**
LÌ (avverbio) Marco vi aspetta **lì**	≠	**LI (pronome)** Marco non **li** vedeva da tempo
SÌ (avverbio) Marco ha detto di **sì**	≠	**SI (pronome)** Marco **si** è dimenticato ...

H
La lettera H

	Si usa SEMPRE con	Non si usa MAI con
Verbo "AVERE"	**HO** Io **ho** un fratello	**O** (= oppure) Prendi il tè **o** il caffè?
	HAI Tu **hai** molti amici	**AI** (preposizione) **Ai** tuoi amici non piace ballare
	HA Marco **ha** un fratello	**A** (preposizione) **A** Marco piace leggere
	HANNO I tuoi amici ti **hanno** cercato	**ANNO** (nome) In che **anno** è nato Marco?
ESCLAMAZIONI	**AH!** **AHI!** **AHIMÈ!** **OH!** **EHI!** **UH!**	

MAPPA PER L'ANALISI GRAMMATICALE

Le PARTI del DISCORSO

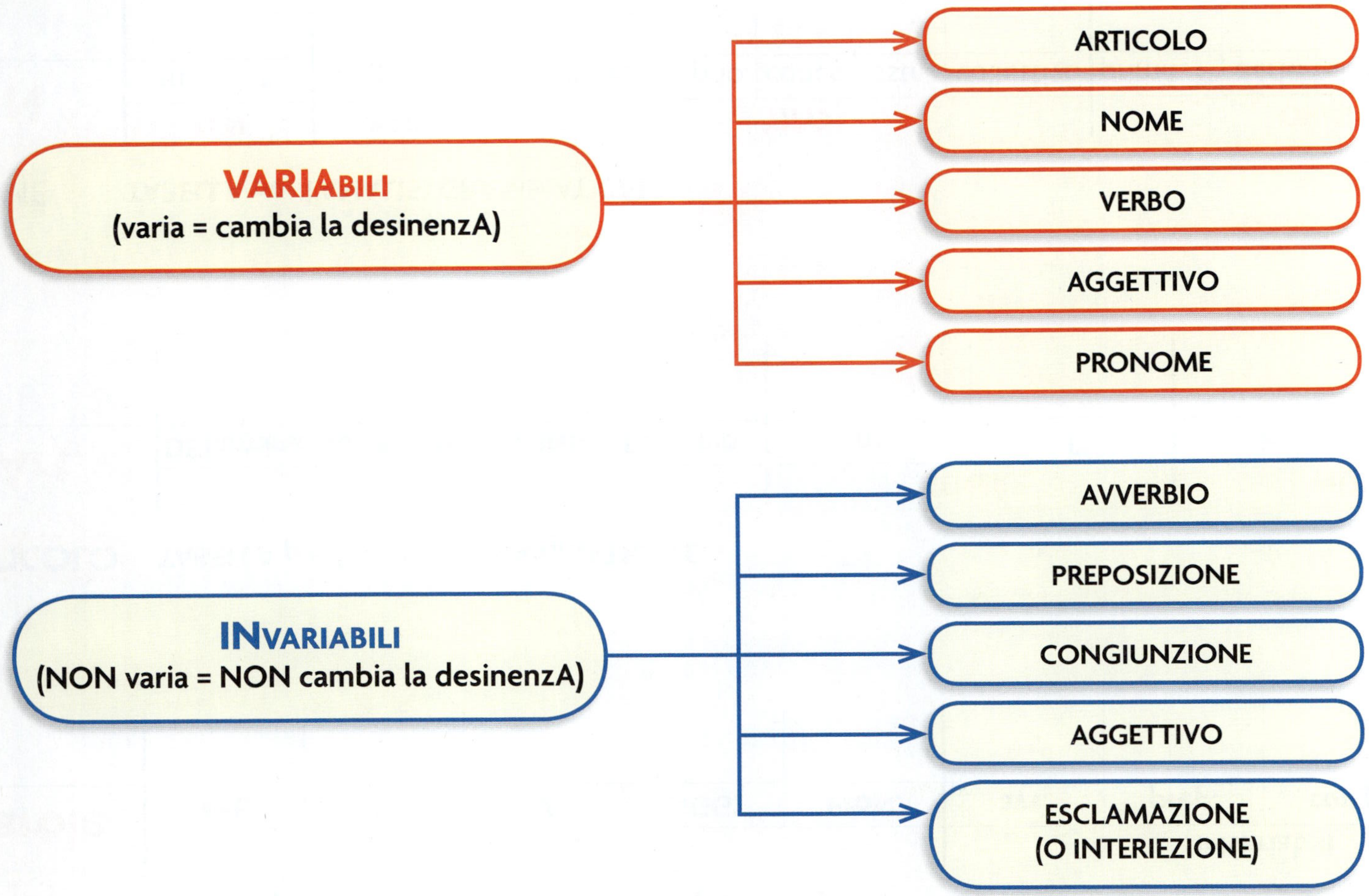

TABELLA per l'ANALISI GRAMMATICALE (sintetica)

Parole	VARIAbili					INvariabili			
	Art.	N	V	AGG.	ProN.	avv.	prep.	cong.	escl.!

ARTICOLO **TABELLA per l'ANALISI GRAMMATICALE**

Art.	TIPO			GENERE		NUMERO	
	DETerminativo	INDETerminativo	Partitivo	m	f	sing.	plur.

NOME **TABELLA per l'ANALISI GRAMMATICALE**

N	GEN.		NUM.		TIPO					ORIGINE			
	m	f	sing.	plur.	comune	Proprio	concr.	astr.	collettivo	primit. 1°	deriv.	alter.	com-posto

AGGETTIVO TABELLA per l'ANALISI GRAMMATICALE

AGG.	GEN.		NUM.		TIPO		GRADO					
							Positivo	Comparativo			Superlativo	
	m	f	sing.	plur.	DETerminativo (≡ Pronome)	Qualificativo →		min.	uguagl.	magg.	ass.	relat.
								–	=	+	+++	++

PRONOME TABELLA per l'ANALISI GRAMMATICALE

ProN.	PERSONALI (o Particelle Pronominali)							POSSESSIVI						
	Persona			Numero		Soggetto	Complemento	Persona			Numero		Genere	
	1	2	3	sing.	plur.			1	2	3	sing.	plur.	m	f

PRONOME TABELLA per l'ANALISI GRAMMATICALE

ProN.	Gen.		Num.		TIPO						
										NUMER.	
	m	f	sing.	plur.	RELAT.	DIMOSTR.	INDEF.	INTERR. ?	ESCL. !	card.	ordin.
										1, 2...	1°, 2°...

VERBO

TABELLA per l'ANALISI GRAMMATICALE

	CONIUGAZIONE			MODO							TEMPO			FORMA		GENERE	
				FINito				INDEFinito			Pass.	Pres.	Fut.				
V	1	2	3	IND.	CONG.	COND.	IMPER.	INF.	PART.	GER.	*ieri*	*oggi*	*domani*	ATT.	PASS.	Trans.	INTrans.

	MODI FINITI														
	CON.			PERS.			NUM.		INDICATIVO		CONGIUNTIVO		CONDIZIONALE		IMPERAT.
V	1	2	3	1	2	3	sg.	pl.	Tempo **S**	Tempo **C**	Tempo **S**	Tempo **C**	Tempo **S**	Tempo **C**	

	MODI INDEFINITI						
	TEMPO	INFINITO		PARTICIPIO		GERUNDIO	
V		presente	passato	presente	passato	presente	passato

Per l'Analisi Completa puoi usare la tabella seguente, scrivendo anche il modo e il tempo della voce verbale da analizzare:

	CON.			PERS.			NUM.		MODO		TEMPO					FORMA		GENERE	
V	1	2	3	1	2	3	sg.	pl.	FIN.	INDEF.	S	C	pass. *ieri*	pres. *oggi*	fut. *domani*	ATT.	PASS.	Trans.	Intrans.

AVVERBIO

TABELLA per l'ANALISI GRAMMATICALE

	MODO	TEMPO	LUOGO	QUANTITÀ	NEGAZIONE	AFFERMAZIONE	DUBBIO
avv.	*-mente*	*quando?*	*dove?*	*quanto?*	*No*	*Sì*	*Forse*

TAVOLA dei VERBI

MODO INDICATIVO	
Tempi Semplici (S) **1 voce verbale = 1 parola**	**Tempi Com-posti (C)** **1 voce verbale = 2 parole** **Ausiliare AVERE / ESSERE + PARTicipio PassaTO**
PRESENTE	**PASSATO PROSSIMO**
io amo tu ami egli ama noi amiamo voi amate essi amano	io **ho** ama**TO** tu **hai** ama**TO** egli **ha** ama**TO** noi **abbiamo** ama**TO** voi **avete** ama**TO** essi **hanno** ama**TO**
IMPERFETTO -V-	**TRAPASSATO PROSSIMO**
io ama**V**o tu ama**V**i egli ama**V**a noi ama**V**amo voi ama**V**ate essi ama**V**ano	io **avevo** ama**TO** tu **avevi** ama**TO** egli **aveva** ama**TO** noi **avevamo** ama**TO** voi **avevate** ama**TO** essi **avevano** ama**TO**
PASSATO REMOTO	**TRAPASSATO REMOTO**
io amai tu amasti egli amò noi amammo voi amaste essi amarono	io **ebbi** ama**TO** tu **avesti** ama**TO** egli **ebbe** ama**TO** noi **avemmo** ama**TO** voi **aveste** ama**TO** essi **ebbero** ama**TO**
FUTURO SEMPLICE -RÒ	**FUTURO ANTERIORE**
io ame**RÒ** tu ame**RAI** egli ame**RÀ** noi ame**REMO** voi ame**RETE** essi ame**RANNO**	io **avrò** ama**TO** tu **avrai** ama**TO** egli **avrà** ama**TO** noi **avremo** ama**TO** voi **avrete** ama**TO** essi **avranno** ama**TO**

MODO CONGIUNTIVO *Che io...*	
Tempi Semplici (S)	**Tempi Com-posti (C)**
PRESENTE	**PASSATO**
che io ami **che** tu ami **che** egli ami **che** noi amiamo **che** voi amiate **che** essi amino	**che** io **abbia** ama**TO** **che** tu **abbia** ama**TO** **che** egli **abbia** ama**TO** **che** noi **abbiamo** ama**TO** **che** voi **abbiate** ama**TO** **che** essi **abbiano** ama**TO**

MODO CONGIUNTIVO *Che io...*	
Tempi Semplici (S)	**Tempi Com-posti (C)**
IMPERFETTO -SS-	**TRAPASSATO**
che io ama**SS**i **che** tu ama**SS**i **che** egli ama**SS**e **che** noi ama**SS**imo **che** voi ama**ST**e **che** essi ama**SS**ero	**che** io **aveSSi** ama**TO** **che** tu **aveSSi** ama**TO** **che** egli **aveSSe** ama**TO** **che** noi **aveSSimo** ama**TO** **che** voi **aveSTe** ama**TO** **che** essi **aveSSero** ama**TO**

MODO CONDIZIONALE *-REI, -REBBE*	
Tempi Semplici (S)	**Tempi Com-posti (C)**
PRESENTE	**PASSATO**
io ame**REI** tu ame**RE**STI egli ame**RE**BBE noi ame**RE**MMO voi ame**RE**STE essi ame**RE**BBERO	io **avREi** ama**TO** tu **avREsti** ama**TO** egli **avREbbe** ama**TO** noi **avREmmo** ama**TO** voi **avREste** ama**TO** essi **avREbbero** ama**TO**

MODO IMPERATIVO !
PRESENTE
ama**!** (tu) ami**!** (egli) amiamo**!** (noi) amate**!** (voi) amino**!** (essi)

MODO INFINITO *-RE*	
Tempi Semplici (S)	**Tempi Com-posti (C)**
PRESENTE *-RE*	**PASSATO**
ama**RE**	**aveRE** ama**TO**

MODO PARTICIPIO	
PRESENTE	**PASSATO**
ama**NTE**	ama**TO**

MODO GERUNDIO *-NDO*	
Tempi Semplici (S)	**Tempi Com-posti (C)**
PRESENTE *-NDO*	**PASSATO**
ama**NDO**	**aveNDO** ama**TO**

MAPPA PER L'ANALISI LOGICA

Gli elementi della frase

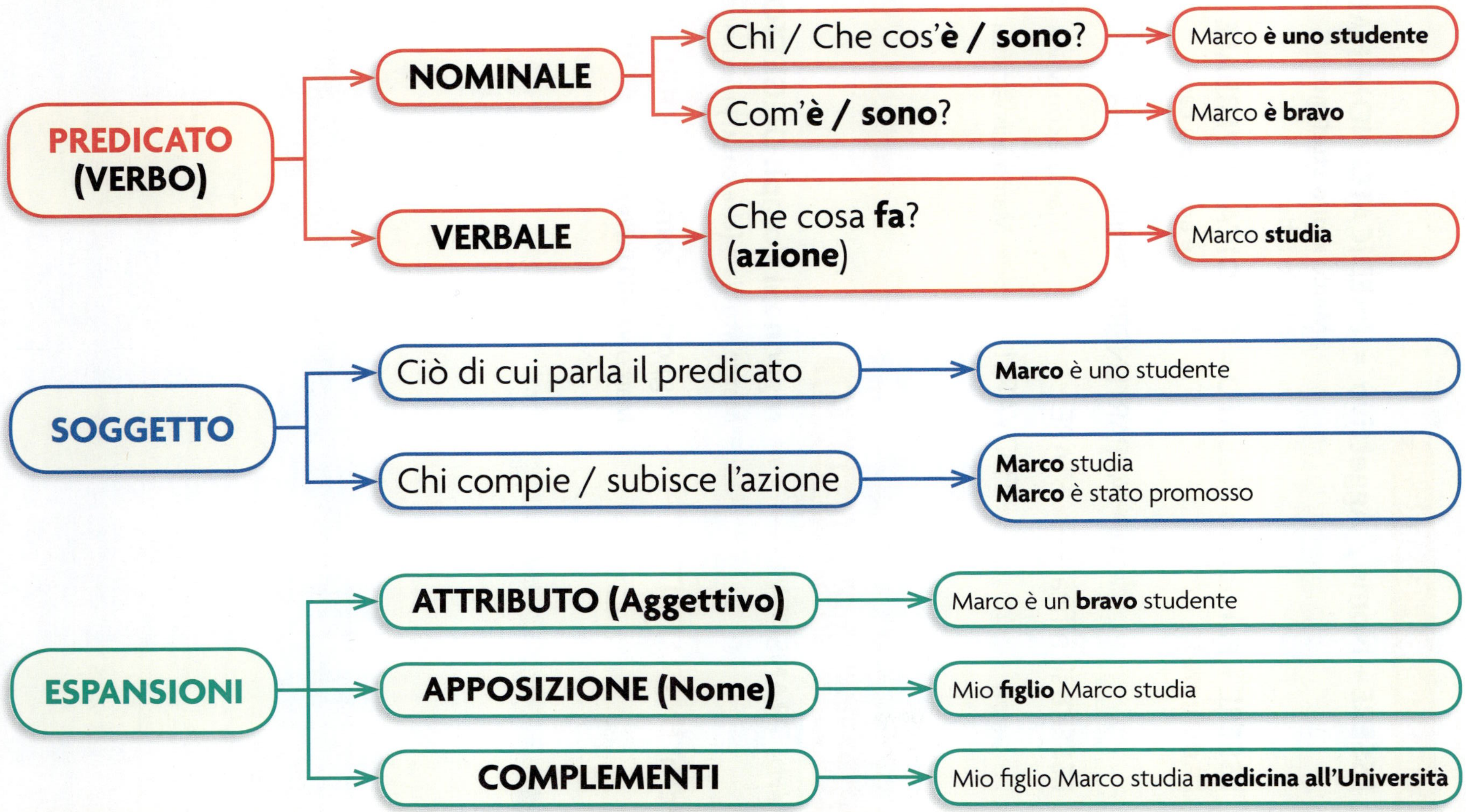

Occhio al verbo "ESSERE"!

1. ESSERE + Nome / Aggettivo = PREDICATO NOMINALE

Marco **è uno studente**
Marco **è bravo**

2. ESSERE + Participio PassATO = PREDICATO VERBALE
(Ausiliare)

Marco **è andato** a casa

3. ESSERE significa
- → APPARTENERE → Il libro **è** mio
- → STARE → Marco **è** con Maria
- → TROVARSI → Marco **è** in vacanza

= **PREDICATO VERBALE**

Occhio al PREDICATO VERBALE!

Verbi TRANSITIVI → **reggono il Compl. OGGETTO DIRETTO**

Marco **studia > (che cosa?)** medicina

Verbi INTRANSITIVI → **reggono i Compl. INDIRETTI**

Marco **va all'Università**

I PRINCIPALI COMPLEMENTI

	?	Tipo		Esempio
DIRETTI	Chi / Che cosa?	OGGETTO		Marco studia **medicina**
	Come chiamano / ritengono / nominano... l'OGGETTO?	PREDICATIVO dell'OGGETTO		I compagni hanno letto Marco **capoclasse**
INDIRETTI (preceduti da Preposizioni)	Di chi / Di che cosa?	SPECIFICAZIONE		L'amico **di Marco** studia
	A chi / A che cosa?	TERMINE		Ho dato il libro **a Marco**
	A causa di chi / A causa di che cosa?	CAUSA		Marco non è uscito **per la febbre**
	Per chi / Per che cosa?	FINE		Marco studia **per l'esame**
	Da chi?	AGENTE		Marco è stato invitato **da un vecchio amico**
	Da che cosa?	CAUSA EFFICIENTE		Marco è stato colpito **da un pallone**
	Con che mezzo?	MEZZO		Marco viene **in motorino**
	In che modo?	MODO		Marco studia **con piacere**
	Di che materia?	MATERIA		Marco ha comprato una giacca **di pelle**
	Con chi?	COMPAGNIA		Studio **con Marco**
	Con che cosa?	UNIONE		Marco va in motorino **con il casco**
	Dove?	LUOGO	Stato in...	Marco è **a casa**
			Moto a...	Marco va **a scuola**
			Moto da...	Marco esce **da casa**
			Moto per...	Marco guida **in mezzo al traffico**
	Quando?	TEMPO	Determinato	Marco è uscito **alle 8**
			Continuato	Marco ha aspettato **per un'ora**

SINTAGMI

TABELLA per l'ANALISI LOGICA

Sintagmi	S	PV	PN	Attr.	App.	COMPL.	
						DIR.	IND.

S = Soggetto
PV = Predicato Verbale
PN = Predicato Nominale
Attr. = Attributo
App. = Apposizione
COMPL. = Complementi
DIR. = Diretti
IND. = Indiretti

MAPPA PER L'ANALISI del PERIODO

Gli elementi della frase complessa

1 PREDICATO (verbo) = 1 FRASE (proposizione)

2 o + PREDICATI (verbi) = 1 PERIODO

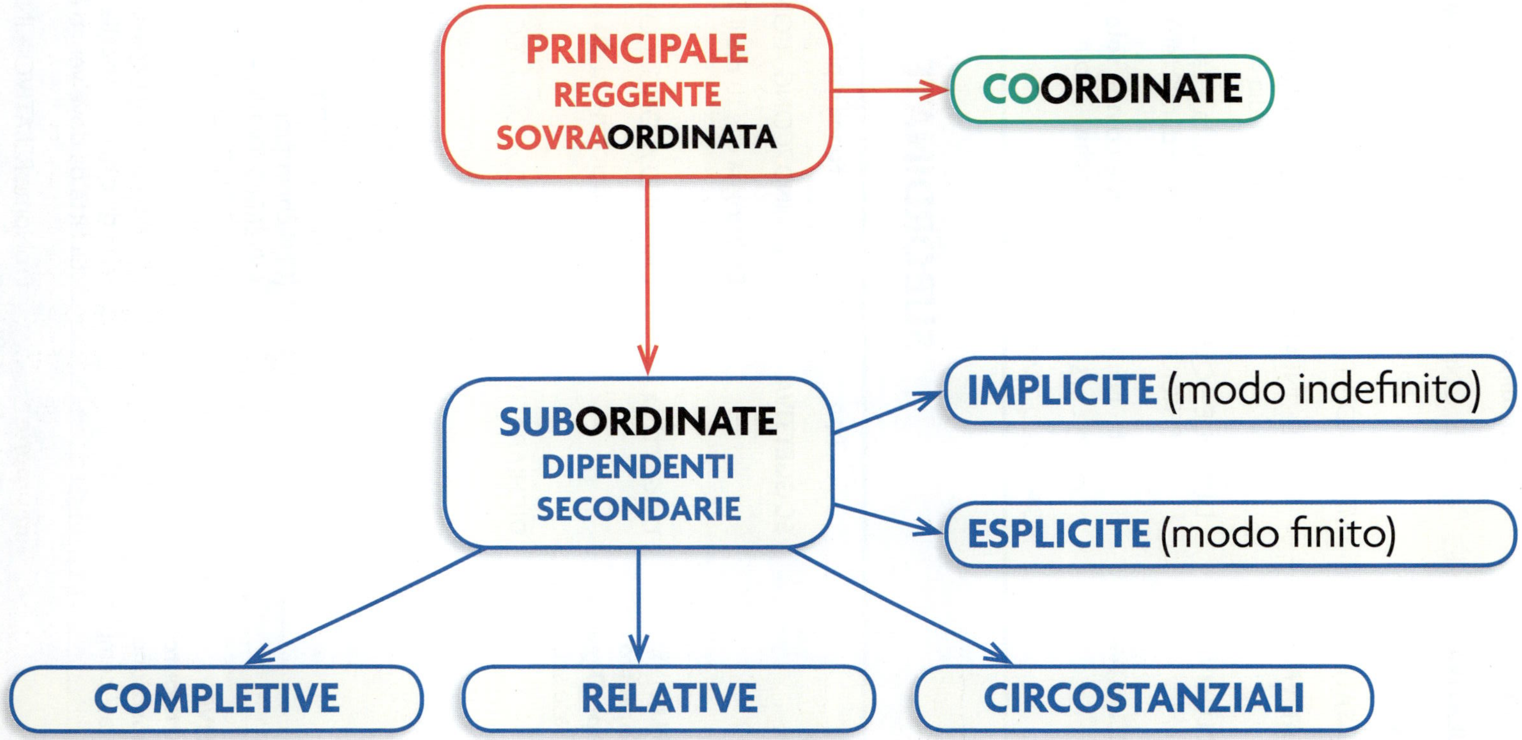

COORDINATE

Tipo	Congiunzioni	Esempio
COPULATIVA	E - NÉ	Marco è uscito **e** ha incontrato Luca
DISGIUNTIVA	O - OPPURE	Marco uscirà con Luca **o** andrà al cinema con Anna
AVVERSATIVA	MA - PERÒ - TUTTAVIA	Marco ha chiamato Luca, **ma** era già uscito.
EPLICATIVA	CIOÈ - INFATTI	Marco ama molto la botanica, **cioè** la scienza che studia i vegetali
CONCLUSIVA	DUNQUE - QUINDI - PERCIÒ	La festa a casa di Marco è piuttosto elegante **quindi** metterò un abito lungo
CORRELATIVA	E... E - NÉ... NÉ O... O - SIA... SIA NON SOLO... MA ANCHE	Marco **non solo** è un ottimo nuotatore, **ma** ha **anche** vinto molte gare

SUBORDINATE

	Tipo	Forma esplicita	Forma implicita
COMPLETIVE (Cfr. **Soggetto** e **Compl. Oggetto** nella frase semplice)	**SOGGETTIVA**	CHE + IND./CONG./COND. **Es.** Bisogna che tu **dia** il buon esempio	(DI) + INFINITO **Es.** Bisogna **dare** il buon esempio
	OGGETTIVA	CHE + IND./CONG./COND. **Es.** Desidero che tu **dia** il buon esempio	(DI) + INFINITO **Es.** Ricordati di **dare** il buon esempio
	DICHIARATIVA	CHE + IND./CONG./COND. **EX.** Tutti hanno la speranza che tu **dia** il buon esempio	(DI) + INFINITO **Es.** Tu pensi di **dare** il buon esempio
RELATIVE (Cfr. **Attributo** e **Apposizione** nella frase semplice)	**proprie**	ProNome RELATIVO (CHE, cui, quale) ProNome MISTO (CHI, chiunque) AVVERBIO (DOVE) + IND./CONG./COND. **Es.** - L'amico di cui ti parlavo è Marco - Chi dice questo sbaglia - La città da dove vengo è Roma	ProNome RELATIVO/ DA/A + INFINITO **Es.** - Marco è un amico di cui fidarsi - Marco è il primo ad aiutarti
	improprie (Cf. **Circostanziali**)	ProNome RELATIVO + IND./CONG./COND. **Es.** - Ho visto Marco che usciva di casa (Temporale) - Stimo tanto Marco che è sempre così attento (Causale)	

	Tipo	Forma esplicita	Forma implicita
CIRCOSTANZIALI (Cfr. **Complementi Indiretti** nella frase semplice)	**FINALE**	PERCHÉ, AFFINCHÉ + CONG. **Es.** Marco studia affinché **possa recuperare** le insufficienze	PER, A, DI + INF. **Es.** Marco studia per **poter recuperare** le insufficienze
	CAUSALE	PERCHÉ, POICHÉ, SICCOME + IND./CONG./COND. **Es.** Marco studia perché **ha** un'interrogazione	- GERU**ND**IO - **PART**. PASSA**TO** - PER, A, DI + INF. **Es.** **Avendo** un'interrogazione, Marco studia
	CONSECUTIVA	COSÌ..., CHE, IN MODO TALE CHE + IND./CONG./COND. **Es.** Marco era così stanco che **è rimasto** a casa	DA + INF. **Es.** Marco era così stanco da **rimanere** a casa
	TEMPORALE	QUANDO, MENTRE, DOPO CHE + IND. (PRIMA CHE + CONG.) **Es.** Marco era stanco dopo che **aveva fatto** gli allenamenti	- DOPO/PRIMA DI + INF. - GERU**ND**IO - **PART**. PASSA**TO** **Es.** Marco era stanco dopo **aver fatto** gli allenamenti
	MODALE	COME, NEL MODO IN CUI + IND. (COME SE + CONG.) **Es.** Marco ha imparato come **si suona** il violino	- A/CON + INF. - GERU**ND**IO **Es.** Marco ha imparato a **suonare** il violino
	STRUMENTALE	-------------------------	- GERU**ND**IO - (A FORZA) DI/CON + INF. **Es.** **Sbagliando** si impara
	CONCESSIVA	- SEBBENE, BENCHÉ + CONG. - ANCHE SE, NEMMENO SE + IND. **Es.** Sebbene **stesse** male, Marco è venuto ugualmente	- PUR/ANCHE + GERU**ND**IO - SEBBENE, BENCHÉ + **PART**. PASSA**TO** **Es.** Pur **stando** male, Marco è venuto ugualmente
	CONDIZIONALE Periodo ipotetico	SE + IND./CONG. **Es.** Se **avessi** tempo, mi iscriverei in palestra	- GERU**ND**IO pres. - (SE) + **PART**. PASSA**TO** - A + INF. pres. **Es.** **Avendo** tempo, mi iscriverei in palestra

Occhio ai VERBI!

L'analisi del periodo comincia sempre dal VERBO:

1. Sottolinea i <u>**VERBI**</u>
2. Ogni **VERBO** corrisponde a una **FRASE**
3. **Dividi** ogni frase con il segno **/**
4. **Evidenzia** le **congiunzioni** che collegano le frasi
5. Prova a eliminare le singole frasi e verifica se la frase che rimane può reggersi da sola senza le altre: **quella che può stare in piedi da sola e "regge" le altre è la PRINCIPALE (P) o reggente**
6. Ricorda che se il verbo è di **MODO INDEFINITO** (infinito, participio, gerundio) la frase è sempre una **SUBORDINATA** (di forma implicita)
7. **Consulta le tabelle** per classificare le **COORDINATE** e le **SUBORDINATE**
8. **Trasforma** il periodo in uno **schema ad albero**

SCHEMA ad ALBERO

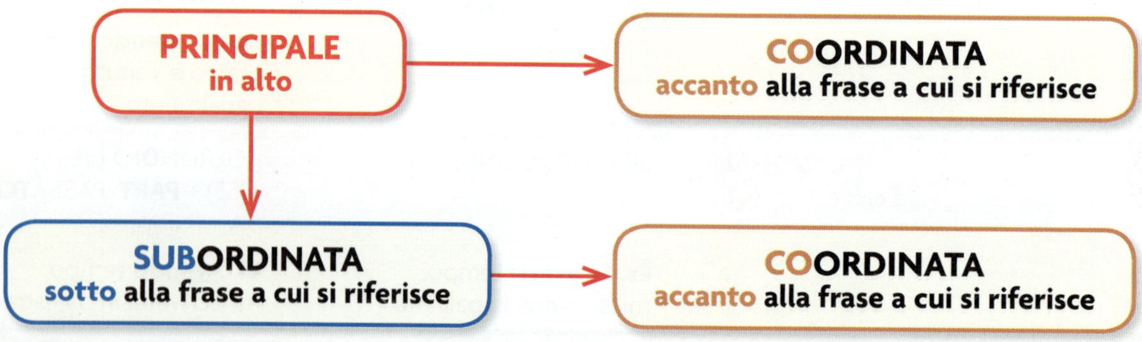

FRASE TABELLA per l'ANALISI del PERIODO (sintetica)

Frase	PRINC.	COORDINATA		SUBORDINATA				
		a quale frase?	tipo	espl.	impl.	tipo	a quale frase?	grado

COORDINAZIONE TABELLA per l'ANALISI del PERIODO

Frase	PRINC.	COORDINATA					
		Cop. *e*	Disg. *o*	Avver. *ma*	Espl. *cioè*	Concl. *quindi*	Correl. *e... e*

SUBORDINAZIONE TABELLA per l'ANALISI del PERIODO

Frase	PRINC.	SUBORDINATA							
		Forma		Completiva			Relativa	Circost.	Grado
		espl.	impl.	SOGG.	OGG.	DICH.			